골린이부터
싱글까지

| 골프! 알아야 즐길 수 있다 |

골린이부터
싱글까지

우창수 지음

골프의 기본 상식과 필드 매뉴얼
그리고 골프 스윙의 메커니즘과 코스 공략까지!

이제는 캐디에게 의존하지 말고 나의 전략대로 승부하자!

좋은땅

Prologue

요즘은 골프를 모르면 사회생활 하기가 힘들다고 이야기할 정도이니 골프가 얼마나 인기가 많은지를 실감하게 된다. 예전에는 골프가 재력가나 사회 고위층과 같은 극히 일부의 계층만이 즐겨 하던 스포츠였다. 그러다 50대 중심의 대중화를 통해 진입 장벽이 낮아지더니 지금은 소위 MZ세대라 불리는 젊은 세대들에게도 골프는 더 이상 낯선 스포츠가 아니다. 1990년대 말에 박세리 선수를 필두로 지금까지 우리나라 여성 프로 골퍼들이 미국은 물론 일본, 아시아 전역에 걸쳐 국위를 선양하고 있으며, 요즘은 남자 프로 골퍼들도 세계 무대에서 우승을 하는 등 맹위를 떨치고 있으니 과연 대한민국을 골프 선진국이라 하지 않을 수 없으리라.

삼성의 창업자이신 故 이병철 회장님이 골프를 치면서 남겼다는 유명한 말이 있다. "세상에서 내 마음대로 안 되는 것이 세 가지 있는데 그것은 바로 자식과 골프와 미원이다." 젊은 독자들은 이 말 속에서 '미원'의 등장이 의아해할 수도 있을 것 같다. 예전에는 조미료하면 '미원'이던 시

절이 있었다. 미원이 국내 시장을 잠식하고 있을 때 그 당시 삼성 계열사였던 제일제당에서 '미풍'이란 상품을 내걸고 조미료 시장에서 승부수를 띄어 보았으나 워낙 미원의 인지도가 높았던 당시로서는 도저히 미원을 따라잡을 수가 없었다고 한다. 이렇게 대기업 회장님도 마음대로 할 수 없었던 것이 이 골프라는 스포츠이다. 그런데 이 점을 바꾸어 생각해 보자면 골프가 쉽게 정복되지 않기에 수많은 골퍼들이 더욱더 골프의 매력에 빠져 헤어 나오지 못하고 있는 게 아닌가 싶다. 다시 한번 말하지만 골프는 내 마음대로 되는 것이 절대 아니다. 하지만 욕심을 버리고 평정심을 잃지 않고 꾸준히 연습하다 보면 어느새 당신도 골프의 매력에 흠뻑 빠져 있으리라 믿어 의심치 않는다.

지금 당신은 왜 골프를 시작해야 할까?

첫째, 골프는 인생과도 같다. 인생이 어디 평탄한 길로만 되어 있든가. 오르막이 있으면 내리막이 있고 울퉁불퉁한 길이 있으면 또한 평탄한 길도 나오지 않던가. 골프 역시 여러 가지 변수와 수많은 난관이 발생한다. 그러나 그 모든 과정을 지나 홀에 볼을 넣는 순간을 맞이하게 될 것이다. 그리고 그 순간은 당신에게 짜릿한 연애의 감정을 선사할 것이다. 또한 중대한 프로젝트의 성공에 비견할 수 있을 정도의 성취감을 선사할 것이다. 골프가 당신에게 가져다주는 이런 감정들로 인해 당신은 골프의 마성에 빠질 수밖에 없을 것이다. 비단 필자만이 아니라 골프를 진정으로 경험한 모든 골퍼들이 느낀 것이고, 이것이 바로 우리가 골프에 열광하는 이유이다.

둘째, 골프는 자연이 주는 깨끗한 산소를 마시며 운동도 하고 힐링도 할 수 있는 그야말로 심신을 두루 만족시킬 수 있는 최적의 스포츠이다.

4시간가량을 자연에서 운동도 하고 마음에 맞는 지인들과 담소도 나누고 맛있는 음식도 즐기고 하다 보면 어느새 스트레스는 저 하늘 위로 날아가 버릴 것이다. 더군다나 골프는 나이를 먹어서도 꾸준히 할 수 있는 운동이다. 야외활동을 통해 혈압 관리나 우울증을 해소하고 골프 코스 공략을 통해 뇌를 운동시켜 뇌 노화를 늦추고 뇌를 단련시켜 주기까지 하니 몸과 마음에 더할 나위 없이 좋은 스포츠라 할 만하다.

셋째, 골프는 인간관계 형성에 최적화된 스포츠이다. 골프는 상대방과의 격렬한 몸싸움으로 진행되는 스포츠가 아니기에 어떤 분들은 골프를 통해 새로운 사업 파트너를 만나기도 하고, 거래처와의 골프 회동을 통해 비즈니스 관계가 개선되기도 하니 사람 간의 관계가 중요한 사회에서 골프는 꼭 필요한 스포츠가 아닐 수가 없다.

넷째, 골프는 가족 단위로 즐길 수가 있다는 것이 크나큰 장점이다. 연령이나 성별에 구애받지 않고 형제, 자매나 자식들과 함께 팀을 나누어 게임을 진행할 수 있다. 필자의 지인 중에는 자식들을 다 출가시키고 난 뒤 사이가 조금 소원해져서 고민인 분이 있었다. 그래서 생각한 것이 본인과 부인의 생일이나 결혼기념일에는 자식 부부들을 골프장에 초대하는 것이었다. 그래서 기본적으로 일 년에 세 번은 자식들과 라운딩을 즐기게 되었고 이로 인해 가족들 간에 유대감과 친밀감이 기대했던 것보다 너무 좋아졌다고 한다.

다섯째, 골프는 멘탈 스포츠라고도 한다. 그만큼 정신력이 강해야 한다는 뜻이다. 고도의 집중력과 인내력 그리고 경기를 잘 풀어 갈 수 있는 전략을 짜야 한다. 무한 경쟁 속에서 무엇보다 멘탈 관리가 중요한 요즘, 현대인들에게 꼭 필요한 운동이라 생각한다.

이외에도 골프의 장점과 매력은 더 많이 있지만 그것은 독자들이 하나하나 직접 체험해 나가길 바란다.

간혹 골프를 치면 손가락이 아프고, 온몸이 쑤시며, 팔꿈치가 아프고, 심지어는 갈비뼈에 금이 갔다는 이야기들을 하는 사람들이 더러 있다. 다 맞는 말이다. 그러나 이 모든 것들은 스윙할 때 너무 힘이 들어가고 자세가 좋지 못해 나온 안타까운 결과이다. 물론 초보자가 처음부터 올바른 자세로 힘을 빼고 공을 치기란 쉽지가 않다. 그립을 잡을 때에도 힘주어 잡지 않고 살며시 잡아 주어야 하는데 자신도 모르게 그립을 너무 힘주어 잡게 되어 손가락이 붓기도 하고 아프기도 한다. 온몸이 쑤시는 것은 우리가 평상시에는 안 쓰던 근육을 쓰게 되면서 나타나는 현상이나 꾸준히 연습하면 온몸이 쑤시는 느낌은 사라지고 오히려 몸이 가벼워지는 느낌이 든다. 갈비뼈에 금이 가거나 팔꿈치가 아픈 것은 흔히 공 뒤쪽을 잘못 쳐서(특히 바닥이 딱딱한 연습장) 일어나는 일이다. 초보자가 흔히 겪을 수 있는 위의 현상들은 공을 멀리 쳐 낸다는 욕심을 버리고, 힘을 뺀 올바른 스윙 자세로 연습을 한다면 충분히 해결 가능한 문제들이다. 마지막으로 한쪽으로만 스윙을 해서 척추가 비뚤어진다는 말도 있다. 하지만 이것은 하루에 삼천 번 이상씩 스윙 연습을 하는 프로 선수들에게나 해당되는 말이 아닌가 싶다. 게다가 요즘은 프로 선수들도 골프 연습 전과 후의 충분한 스트레칭과 각종 근력 운동을 통해 그런 현상을 미연에 방지하고 있다. 오히려 아마추어 골퍼들은 연습 전후에 스트레칭을 충분히 하는 경우가 거의 없는 것 같다. 스트레칭을 해도 1분 정도로 형식적으로만 하고 만다. 적어도 연습 전에 10분 이상 스트레칭을 해 주고 연습이 끝나면 마지막에 스트레칭을 해 주고 반대 방향으로도

20번 정도 연습 스윙을 해 주면 척추에 대한 염려는 안 해도 될 듯싶다. 항상 기본을 망각해서 모든 문제가 발생할 수 가 있다. 독자 여러분께서는 항상 기본을 지키며 골프를 즐기시길 기대한다.

필자가 이 책을 쓰는 이유는 골프를 치시는 분이라면 기본적으로 알았으면 하는 내용들을 알려 드리고 싶었기 때문이다. 골프에 대해 기본을 모르고 골프를 치는 것은 마치 인생을 아무런 목표 없이 그저 살아 있기에 그냥 살아가는 것과 다를 바가 없을 것이다. 골프를 제대로 알고 골프를 즐긴다면 그 환희와 기쁨은 몇 배로 더 커질 것이라 믿는다. 초보자는 초보자대로 중급자와 상급자도 마찬가지로 나름의 상황에서 골프라는 큰 전체 중 어느 부분은 모르는 것이 있을 것이라는 생각을 기본으로 글을 쓰게 되었다. 본 책에서는 '골프 용어란'을 따로 두지 않고 각 장을 설명할 때 중간중간에 골프 용어들을 넣어 독자들이 지루함을 느끼지 않고 본 책을 다 읽을 때쯤에는 골프 용어를 자연스럽게 체득하도록 노력하였다. 필자는 이 책을 통해 골프를 처음 접하는 분들이나 혹은 현재 골프를 즐기는 분들이나 또는 골프를 중단하였다가 다시 시작하시려는 분들이 골프를 제대로 알고 즐김으로써 더욱 골프의 매력에 빠져 행복한 삶을 영위하길 진심으로 기대한다.

Chapter 2 골프 에티켓과 규칙

Chapter 3 골프 스윙

Chapter 4. 골프 구질과 골프 샷의 종류

Chapter 7. 골프 기본 규칙

Chapter 1

골프!
알아야 즐길 수 있다

골프는 인생의 반사경, 티 샷에서 퍼팅까지의
과정이 바로 인생의 항로이다. 동작 하나하나가
바로 그 인간됨을 적나라하게 드러낸다.
- 윌리엄 셰익스피어(영국 최고의 문호) -

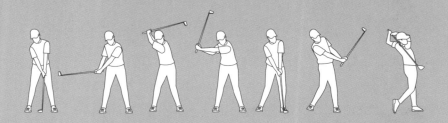

01

골프는 어떻게 하는 거지?

1. 골프는 18홀 게임

골프는 골프공을 골프채로 쳐서 18개의 정해진 구멍에 가장 적은 타
수로 넣는 사람이 이기는 경기이다. 그래서 골프장은 1홀부터 18홀까지
만들어져 있고 한 경기당 18개의 게임이 있는 셈이다. 골프장 규모에 따
라 9홀, 18홀, 27홀, 36홀, 54홀, 72홀, 81홀 등으로 이루어져 있는데, 물
론 81홀이 있는 골프장이라도 한 경기는 18홀이다. 여기서 9홀로 이루
어진 골프장도 있는데 이런 데는 보통 같은 곳을 두 번을 돌게 된다. 81
홀을 갖춘 골프장은 더 많은 골퍼들을 유치하기 위함인데 홀의 수가 많
은 골프장의 장점으로는 여러 가지 코스를 경험할 수가 있으며 경기가
지연되는 경우가 적다. 하지만 9홀만을 가지고 있는 골프장은 같은 곳을
두 번 돌기 때문에 시간이 지체되는 경우가 많이 발생하게 되고 똑같은
코스를 한 번 더 돌기 때문에 색다른 코스를 즐길 수가 없다. 9홀만 있는
골프장은 퍼블릭(대중) 골프장이라고 하며 상대적으로 그린피가 저렴

하다. 하지만 퍼블릭 골프장이라고 9홀만 있는 것은 아니고 18홀을 갖춘 곳도 있으며 요즘은 세금 문제와 경영의 개선을 위해 회원제 골프장에서 퍼블릭 골프장으로 사업자를 변경한 골프장이 많이 있다.

2. 골프 코스

골프장마다 9홀을 기준으로 코스 이름이 있다. 예를 들어 54홀을 갖춘 골프장이면 9홀씩 6개 코스(수성 코스, 금성 코스, 화성 코스, 목성 코스, 토성 코스, 지구 코스)로 이루어진 것이다. 이 중에서 우리가 첫 번째는 지구 코스(9홀)를 돌고 두 번째는 화성 코스(9홀)를 돌았다면 한 경기를 마친 것이다. 두 개의 코스 중 첫 번째 코스(전반전)를 클럽하우스에서 나가면서 경기하므로 아웃코스라 하고 두 번째 코스(후반전)는 클럽하우스로 들어오면서 경기하므로 인코스라고 한다. 같은 골프장이라도 골퍼들마다 선호하는 코스가 있다.

3. 기준 타수

홀에 따라 기준 타수가 있는데 세 번에 넣는 홀을 파 쓰리(Par 3), 네 번에 넣는 홀을 파 포(Par 4), 다섯 번에 넣는 홀을 파 파이브(Par 5)라 한다. 18홀 중 파 쓰리가 4개 홀, 파 파이브가 4개 홀, 파 포가 10개 홀로 이루어져 있다. 이것을 다 더하면 총 기준 타수는(파 쓰리×4개 홀= 12타/파 파이브×4개 홀= 20타/파 포×10개 홀= 40타, 총 72타)가 된다. 그래서 한 경기를 마치는데 기준 타수가 72타가 되는 것이다. 72타를 치면 이븐 파(Even par)라고 한다. 72타보다 적게 치면 언더 파(Under par), 72타보다 많이 치면 오버 파(Over par)라 한다. 예를 들어 70타를 치면 2언더 파, 74타를 치면 2오버 파라 하는 것이다. 다만, 골프장 환경에 따라서 간혹 기준 타수가 71타 혹은 73타로 이루어진 골프장도 있다. 또한 파 식스(Par 6)나 파 세븐(Par 7)이 있는 골프장도 있다.

4. 타수별 명칭

타수	1	2	3	4	5	6	7	8	9	10
파쓰리	홀인원	버디	파	보기	더블보기	더블파				
파포	홀인원	이글	버디	파	보기	더블보기	트리플보기	더블파		
파파이브	홀인원	알바트로스	이글	버디	파	보기	더블보기	트리플보기	쿼드러플보기	더블파

앞에서 기준 타수가 있다고 했는데 파 파이브에서 기준 타수가 5타이다. 5타를 치면 파(Par), 6타(기준 타수+1)를 치면 보기(Bogey), 7타(기준 타수+2)를 치면 더블 보기(Double bogey), 8타(기준 타수+3)를 치면 트리플 보기(Triple bogey), 9타(기준 타수+4)를 치면 쿼드러플 보기(Quardruple bogey), 10타(기준 타수+5)를 치면 기준 타수 2배를 쳐

서 더블 파(Double par)라고 하며 기준 타수에서 5타를 더 쳐서 퀸튜플 보기(Quintuple bogey)라고도 한다. 아마추어는 스크린이나 필드에서도 파×2배(파 쓰리×2배=6타, 파 포×2배=8타, 파 파이브×2배=10타) 이상은 점수를 매기지 않는다. 하지만 프로들은 실제 자신의 타수를 정확히 적어야 하므로 참고적으로 적어 놓는다. +6타: 섹튜플 보기(Sextuple bogey), +7타: 셉튜플 보기(Septuple bogey), +8타: 옥튜플 보기(Octuple bogey), +9타: 노뉴플 보기(Nonuple bogey), +10타: 데큐플 보기(Decuple bogey)라고 한다. 사람들이 프로 선수들은 버디 아니면 파를 할 것이라 예상하지만 골프의 황제라 불리는 타이거 우즈도 제84회 마스터즈 대회 때 12번 홀 파 쓰리에서 셉튜플 보기(+7)를 기록한 적이 있다. 골프는 정말이지 천국과 지옥을 오가는 스포츠라는 생각이 들게 한다.

공이 한 번에 홀에 들어갔을 때는 홀 인 원(Hole in one)이라 하고, 정규 용어는 아니지만 파 쓰리에서 6번을 치거나, 파 포에서 8번을 치거나, 파 파이브에서 10번을 치면 더블 파(Double par), 혹은 양 파라고도 부른다. 스크린 게임에서는 위와 같은 경우를 공식적으로 더블 파라고 부르고 있다. 위에서 언급한 바와 같이 아마추어는 더블 파 이상은 점수를 매기지 않는다. 그럼 기준 타수보다 적게 쳤을 때는 뭐라고 할까? 이번에도 제일 긴 홀 인 파 파이브를 예를 들어 보자. 5타를 쳤을 때는 위에서 말한 대로 파(par)이고 4타(기준 타수—1)를 치면 버디(Birdie), 3타(기준 타수—2)를 치면 이글(Eagle), 2타(기준 타수—3)를 치면 알바트로스(Albatross), 1타(기준 타수—4)를 치면 홀 인 원이면서 콘도로(Condor)이다. 사실 콘도르는 파 파이브에서는 거의 불가능하다. 위에서 언급한 파 식스 골프장에서 두 번의 샷으로 가능한 것이다.

5. 기준 타수

앞에서 말한 파 쓰리와 파 포, 그리고 파 파이브의 기준 타수는 어떻게 정해졌을까 하는 의문이 들 것이다. 기본적으로 골퍼가 각종 클럽(골프채)을 이용하여 몇 번만에 그린에 올려야 할 것인가를 거리에 맞추어 설정해 놓은 것이다.

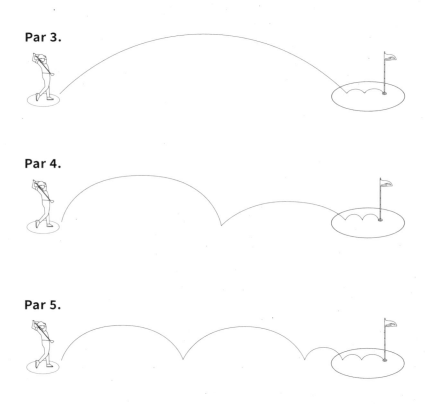

Par 3.

Par 4.

Par 5.

앞의 그림과 같이 파 쓰리는 한 번만에 그린에 올릴 수 있도록 거리를 맞추어 코스를 조성해 놓은 것이고 파 포는 두 번만에 그린에 올리고 파 파이브는 세 번만에 그린에 올릴 수 있도록 코스를 조성해 놓은 것이다. 이렇게 그린에 볼을 올리면 기본적으로 두 번의 퍼팅을 통해 홀에 공을 넣으라는 것이다. 그래서 파 쓰리는 한 번에 볼을 그린에 올려서 두 번의 퍼팅으로 홀에 공을 넣으면 기준 타수인 파(Par)를 하는 것이다.

물론 장타를 날리는 골퍼들의 경우에는 상대적으로 짧은 파 포에서는 한 번만에 그린에 공을 올리기도 하며 파 파이브에서는 보통 상급자 골퍼들은 두 번만에 공을 올리기도 한다.

6. 캐디

캐디란 골프장에서 골퍼들의 원만한 경기 진행을 위해 골프 코스 안내와 골프 경기 중 여러 가지 도움을 주는 사람으로 여성 캐디와 남성 캐디가 있으며 예전에는 거의 여성 캐디였으나 요즘은 남성 캐디도 늘어나고 있는 추세이다.

프로대회에서 골프 경기를 할 때 보통 한 선수마다 캐디 한명이 골프백을 들고 다니면서 골프채도 거리에 따라 유리한 골프채를 권해 주기도 하고 골프공도 닦아 주고 거리나 방향을 서로 의논하기도 하면서 경기를 운영해 간다. 하지만 아마추어는 보통 3~4명이 한 팀이 되어 그 한 팀을 한 명의 캐디가 관리하며 카트(골프장용 전동카)를 타고 다니면서 경기 진행을 한다. 물론 이 경우는 우리나라의 경우이고 동남아 국가의 경우에는 1인 1캐디로 골프를 즐길 수가 있다.

02

골프채는 왜 많은 걸까?

1. 클럽의 종류

드라이버	1개로 구성(1번 우드를 드라이버라고 한다)										
우드	3번	5번	7번	9번	11번						
유틸리티	3번	4번	5번	6번	7번						
아이언	1번	2번	3번	4번	5번	6번	7번	8번	9번	P	A	S
웨지	48도	50도	52도	54도	56도	58도	60도	62도			
퍼터	1개로 구성										

아이언은 제조사마다 구성이 다른데 요즘은 아이언의 경우 보통 4번 아이언~S까지 9개로 많이 구성되어 나오고 있다. P, A, S는 피칭 웨지, 어프로치 웨지, 샌드 웨지를 말하며 보통 아이언을 구입할 때 아이언 세트에 같이 구성되어 있다. 웨지 표시도 회사마다 달리 표시하는 경우가 있는데 P는 피칭 웨지로 로프트 각이 보통 48도이고 S는 샌드 웨지로 로프트 각이 보통 56도이다.

A는 어프로치 웨지, G는 갭 웨지라고 하는데 이 두 가지는 제조사마다 이름만 달리할 뿐 피칭 웨지와 샌드 웨지의 중간 웨지로서 보통 52도로 되어 있으나 제조사마다 약간씩 로프트 각이 상이하다. 나머지 클럽은 자신에게 필요한 것을 선택하여 퍼터를 포함한 총 14개로 구성한다. 아이언이 9개이면 드라이버 1개와 퍼터 1개를 더해서 11개 클럽을 구성한 후 나머지 3개의 클럽을 자신에게 맞게 추가하면 된다.

2. 아마추어 평균 비거리(대략적인 수치임)

클럽종류	드라이버	3번우드	5번우드	4번유틸리티	5번아이언	6번아이언	7번아이언	8번아이언	9번아이언	P(피칭웨지)	A(어프로치웨지)	S(샌드웨지)
남성(m)	210	180	170	160	150	140	130	120	110	100	90	80
여성(m)	160	140	130	120	110	100	90	80	70	60	50~60	40~50

다른 스포츠와는 달리 골프는 골프채(골프 클럽)의 종류도 많고 개수도 많이 있다. 그 이유는 거리에 따라 맞는 골프채를 사용하며 상황에 따라 볼을 높이 띄울 수도 있고 낮게 띄울 수도 있고 때론 풀숲이나 모래에서도 샷을 할 수도 있기 때문이다. 보통 제조사마다 클럽별로 10m 정도의 차이를 두고 있다. 예를 들어 골퍼의 아이언 7번 비거리가 130m일 때 골퍼가 140m를 보내려고 한다면 6번 아이언을 선택하여 샷을 하는 것이다.

이렇게 상황에 맞게 골프 클럽을 선택하여 사용해야 하기 때문에 종류도 많고 클럽 수도 많다. 하지만 경기 규정상 총 14개의 골프채만 가지고서 경기를 해야 한다. 이것은 비단 프로선수뿐만 아니라 아마추어에게도 적용이 된다.

골프 클럽은 구분을 하자면 우드(Wood), 유틸리티(Utility-하이브리드 또는 고구마라고도 불린다), 아이언(Iron), 웨지(Wedge), 퍼터(Putter)로 구성되어 있다. 1번 우드는 드라이버라고 하며 가장 멀리 보낼 수 있는 채이다. 2번 우드부터는 페어웨이 우드라고도 하며 2번 우드를 브래쉬라고 한다. 3번은 스푼, 4번은 버피, 5번은 클리크, 7번은 헤븐, 9번은 디바인 나인, 11번은 일리우드라고 부른다. 보통은 몇 번 우드라고 번호를 많이 사용하나 상급자들은 필드에서 3번 우드가 필요하면 캐디에게 "스푼 주세요."라고 한다. 우드 다음으로 멀리 보내는 채가 유틸리티이다. 유틸리티 채는 보통 3번, 4번, 5번, 6번, 7번이 있다. 다음으로 멀리 보내는 채인 아이언은 1번부터 9번까지 있으며 그린 가까이에서 사용되는 웨지는 피칭 웨지(P), 어프로치 웨지(A), 샌드 웨지(S)가 있고 마지막으로 그린에서 홀에 볼을 넣을 때 사용하는 퍼터가 있으며 그 외에도 48도 웨지부터 62도 웨지가 있다. 이 외에도 골프채를 만드는 회사에 따라 추가로 만들어 내는 채가 있다. 예를 들어 어떤 제조사는 우드 13번을 출시하고 있다. 그러나 위에서 언급했듯이 총 14개의 채만이 허용될 뿐이고, 더 이상은 캐디백에 잘 들어가지도 않는다.

3. 골프 클럽 구성

그럼 나의 골프 클럽은 어떻게 구성해야 하나 간략하게 살펴보자. 우선 기본으로 구성되는 채가 있다. 드라이버와 퍼터가 들어가고 아이언 세트를 구매할 때 보통 피칭 웨지, 어프로치 웨지, 샌드 웨지가 기본 구성으로 되어 있다. 그리고 보통 아이언은 4번부터 9번까지 많이 구성되어 있다. 그럼 지금까지 11개가 맞춰졌다. 앞으로 3개를 더 구성하면 되는데 그것은 본인의 특성에 맞게 구성을 해야 한다. "나는 3번 아이언과 거리가 비슷한 4번 유틸리티와 조금 더 멀리 보내는 5번 우드와 3번 우드 정도로 구성하겠다." 또는 "나는 드라이버 다음으로 멀리 보내는 우드 3번과 우드 5번을 구입하고 나의 장기인 70m 안에서 높이 뛰어 홀 앞에 세우는 58도 웨지를 구입하겠다." 또는 "나는 아이언을 5번부터 구입하고 유틸리티를 하나 더 넣겠다." 등의 다양한 방식으로 자신의 특성과 상황에 맞게 구성을 하면 되는 것이다.

골프채의 샤프트는 스틸과 경량스틸로 구성된 것과 그라파이트(카본)로 구성된 것이 있는데 예전의 스틸 샤프트는 중량이 120g 내외로 조금 무거운 감이 있어서 힘이 좋은 골퍼나 상급자 골퍼가 많이 사용하고 있으며 보통 아마추어 골퍼들은 95g대의 경량 스틸 샤프트를 많이 사용하고 있는 추세이다.

스틸 샤프트는 스틸인 만큼 강도가 세고 내구성이 좋으며 스윙 시 공이 빗맞아도 오차가 적은 편이다. 가격 면에서도 그라파이트에 비해 저렴하다.

그라파이트 샤프트는 중량이 50~70g으로 강도 조절이 가능하며 스틸 샤프트보다는 약한 편이고 빗맞으면 오차가 큰 편이다. 가격도 스틸샤프트보다는 비싼 편이나 거리가 조금 더 많이 나가는 장점이 있다. 보통 시니어나 여성분들이 그라파이트 샤프트를 많이 사용하고 있다.

필자가 맨 처음 골프를 시작 했을 때는 요즘처럼 아주 정밀하게 과학적인 근거를 바탕으로 클럽을 생산하지 못했을 것이다. 하지만 지금은 클럽을 만들어 내는 소재도 다양할 뿐만 아니라 신소재의 개발로 인해 골프 클럽도 전반적으로 더욱 좋아지고 디자인도 고급스러워졌으며 볼의 방향성도 좋고 타구감도 좋으며 거리 또한 많이 나가게 만들어지고 있다.

이렇게 골프 클럽은 발전을 거듭하여 여러 가지 형태의 골프클럽을 만들게 되었는데 아쉬운 점은 우리나라는 골프가 대중화가 되어 가면서도 골프 클럽뿐만이 아니라 골프에 관련된 모든 용품이 비싸다는 것이다. 더 아쉬운 점은 비싼 골프 클럽을 살 때 자신의 스윙 특성에 맞는 골프 클럽을 구입해야 하는데 그렇지 못해서 안타까운 마음이 든다. 06장의 골프 장비 구입에 관한 내용을 참고해서 자신에게 맞는 올바른 골프 클럽을 구입하시길 권장한다.

03

국내 골프장은 몇 개나 될까?

2023년 기준 국내 골프장의 개수는 군인 체력 단련장 골프장과 경찰 체력 단련장 골프장을 포함하면 약 500개 정도이다. 골프장 규모에 따라 9홀밖에 없는 곳이 있고 81홀이 있는 곳이 있다. 이것을 18홀로 환산하면 약 570여 개의 18홀의 골프장이 있는 셈이다.

코로나19 이후 국내 골프장이 때 아닌 호황을 누리고 있는 실정이다. 해외로 나가기 어려운 상황을 틈타 국내 골프장들이 서로 가격을 올리는 바람에 진정 골프를 사랑하는 대중적인 골퍼들만 골탕을 먹고 있는데도 불구하고 부킹(예약)도 힘든 상태이니 정말이지 현재 대한민국은 골프 세상이 아닌가 싶다. 코로나19 사태 이전에는 회원제 골프장이 장사가 안 되어서 약 80여 개나 대중제 골프장으로 전환하였다. 때문에 대중제 골프장 비율은 65%로 회원제 골프장을 앞서고 있다. 또한 신규로 추진하는 골프장들도 모두 대중제 골프장인데 대략적으로 공사를 하고 있는 곳이나 미착공인 곳이 40여 곳이다. 회원제 골프장이 전무한 상태인 것은 회원제 골프장의 세금이 비싸다는 이유에서다.

이외에도 초보자들이나 또는 중상급자들이 어프로치를 연습할 수 있는 파 쓰리 골프장이 지역마다 몇 개씩 있는데 파 쓰리 골프장은 보통 예약제보다는 도착하는 순서대로 경기가 이루어지기 때문에 초보자들이 많이 애용하고 있다.

예상치 못했던 골프장의 호황 속에서 많은 골퍼들이 그린피가 너무 비싸다고 한 목소리를 내고 있다. 심지어 일부 골퍼들은 청와대 게시판에 골프장 그린피가 터무니없이 비싸다고 청원의 글을 올리고 있다. 더군다나 대중제 골프장들은 세금 혜택을 다 받으면서 회원제와 비슷하게 운영하고 있는 곳이 많다는 지적도 있다. 이에 정부와 여당도 편법 운영이 밝혀지면 엄중히 대응할 것이라는 방침을 내놓았다. 요즘은 태국이나 베트남 등 동남아 국가에서 높은 서비스의 골프 여행이 저렴한 가격의 패키지 상품들이 많이 나와 있다. 국내 골퍼들이 국내에서 즐기던 골프를 똑같은 가격으로 서비스가 더 좋은 동남아로 눈길을 돌린다면 예전의 골프장 불황을 다시 겪게 되지 않을까 염려가 되기도 한다.

필자가 생각하기에도 해외여행을 하면서 그 나라의 음식도 먹고 서비스가 좋은 골프 환경에서 1인 1캐디를 두고 골프를 즐긴다면 동남아 국가로 골프 여행을 안 다닐 이유가 없지 않을까 생각한다.

요즘에는 가까운 일본에서도 한국 골퍼들을 유치하려고 저렴한 가격에 골프 여행 패키지 상품이 나오고 있다.

그러나 우리나라에서 골프를 치고 음식을 사 먹고 골프장 인근의 관광지를 여행하면서 국내에서 돈을 써야 지역 경제 환경에 조금이나마 보탬이 되고 또한 외국으로 현금이 안 빠져 나가니 일석이조가 아닌가 싶다.

옛 속담에 소 잃고 외양간 고친다는 말이 있다. 많은 골퍼들이 외국에서 저렴한 가격에 최고의 서비스를 받고 골프를 즐긴다면 국내 골프장들은 어떻게 될까 생각해 보게 된다. 그 후 국내 골프장들이 경영 개선을 한다면 골퍼들이 다시 국내 골프장으로 모여들지 궁금하기는 하다.

이처럼 골프가 사회에 미치는 영향이 다방면으로 확대되고 있는 만큼 정부와 정치권에서도 투명하고 진정성 있는 골프 대중화를 위한 문제 해결을 위해 적극적으로 임해야 할 것이라 생각한다.

04

골프 칠 때 비용은 얼마나 들까?

1. 골프장에서 골프를 칠 때

골프장에서 골프를 칠 때는 골프장 이용료인 그린피를 내게 되는데 이것이 골프장마다 천차만별이다. 대중제 골프장(퍼블릭)의 경우 8~22만 원 정도이고 회원제 골프장은 저렴한 곳이 13~25만 원 정도이며 중간 가격대가 17~28만 원 정도이다. 명문 골프장들은 보통 30만 원을 넘는 곳도 있다. 여기서 22만 원의 대중제 골프장과 13만 원의 저렴한 회원제 골프장 중 선택하라고 한다면 아마 모든 분들이 가격만을 보고 저렴한 회원제 골프장(13만 원)을 이용하겠다고 할 것이다. 하지만 골프장을 선택할 때에는 가격 말고도 고려해야 할 조건들이 있다.

첫째, 위치이다. 수도권에 위치해 있거나 접근성이 양호한 골프장은 대개 비싸기 마련이다.

둘째, 주말과 주중이다. 주중에는 부킹이 그리 어렵지 않기 때문에 가격이 저렴하고 직장인들은 보통 주말밖에 시간이 없기 때문에 주말에는 가격이 비쌀 수밖에 없는 것이다.

셋째, 시간대이다. 골프장은 크게 2부제 골프장과 3~4부제 골프장으로 나뉘는데 계절별로 티 오프 시간(경기 시작 시간)과 운영 방식에 조금씩 차이가 있다. 2부제 골프장은 보통은 1부가 오전 6시부터 오전 9시이고 2부가 오전 11시 30분에서 오후 2시 정도이다. 3부제 골프장은 보통 시즌에는 새벽 5시부터 오후 10시까지 운영을 하고 4부제 골프장은 9홀로 이루어진 퍼블릭(대중제 골프장)이 대부분이며 새벽 4시 30분부터 오후 11시~12시까지 운영한다.

운영 시간이 긴 3~4부제 골프장은 깜깜할 때도 환하게 비춰 주는 라이트 시설을 갖추고 있으며, 상대적으로 운영 시간이 짧은 2부제 골프장은 라이트 시설이 없다. 보통 2부제 골프장은 회원제 골프장이거나 비싼 대중제 골프장인 경우가 대다수여서 하루에 사용하는 팀 수가 적고 운영 시간이 짧아서 상대적으로 잔디 상태가 좋은 편이다. 이렇게 티 오프(Tee off-경기 시작 시간)와 잔디 상태의 상관관계에 따라 그린피가 차이가 난다.

넷째, 계절이다. 골프를 즐기기에 최적의 계절은 봄과 가을이다. 아주 더운 여름이나 아주 추운 겨울 시즌에는 상대적으로 그린피가 저렴하다.

이렇게 네 가지 요인으로 인하여 골프장 그린피가 차이가 나는 것이다.

그린피 다음으로 발생하는 금액에 카트비가 있다. 골프를 치기 위해 골프백을 카트(골프장 전동카)에 싣고 이동을 하는데 그 비용을 카트비라고 하며 보통 8~10만 원 정도이다. 그린피는 각자 계산을 하고 카트비는 한 팀인 동반자들과 1/N 하면 된다. 코스를 이동할 때마다 캐디가 운전을 해 주는 것이 일반적이지만 요즘 퍼블릭 골프장에서는 캐디 없이 골퍼가 직접 운전하는 곳도 있다.

캐디피 또한 필수적으로 발생하는 금액이다. 캐디는 골퍼(한 팀당 보통 3명~4명)들을 보조해 주는데 캐디에게 주는 캐디피는 13~15만 원 정도이다. 카트비와 마찬가지로 동반자들과 1/N하면 된다. 다만 캐디피는 경기가 끝나면 바로 동반자들이 돈을 모아 현찰로 캐디에게 주어야 한다. 그런데 현찰로 캐디피를 주는 것에 대해서 골퍼들이 불편해하고 있으며 또한 캐디들의 캐디피로 인한 소득이 무신고가 되는 문제가 있다는 지적에 정부는 캐디 소득신고 의무화 시행을 발표했다. 요즘은 카드로 캐디피를 정산하는 골프장들이 늘어나고 있으며 그렇지 않은 경우에도 PG단말기로 캐디피 카드 결제를 도입하는 곳도 늘고 있다.

그 외로 골프는 경기 시간만 보통 4시간 정도 걸리기 때문에 간식도 먹고 때론 식사도 하게 된다. 시중의 매점과 식당보다는 상당히 비싼 편이라 간식을 가져오는 분들도 많이 있다. 대부분의 골프장은 외부 음식 반입이 기본적으로 안 되기 때문에 음식을 푸짐하게 싸 오는 것은 허용되지 않지만 간단한 간식 정도는 무방하다.

2. 파 쓰리 골프장에서 골프를 칠 때

앞에서 언급했듯이 파 쓰리는 기준 타수가 3타이다. 즉 세 번 만에 홀에 공을 넣어야 하는 홀이다. 국내에 파 쓰리 골프장도 지역마다 많이 있는데 9홀을 두 번 도는 파 쓰리 골프장도 있지만 18홀이 갖춰 있는 파 쓰리 골프장도 있고, 또한 파 쓰리만 있는 것이 아니라 파 포도 2개 홀씩 갖춘 파 쓰리 골프장도 있다. 초급자는 정규 골프장을 가기 전에 파 쓰리 골프장에서 기본 실력을 갖추고 나간다면 아무 무리가 없을 것이다. 또한 중상급자도 기본이 흐트러지면 파 쓰리 골프장에서 기본도 다시 점검하고 어프로치 연습도 하며 실력을 연마할 수 있다.

　파 쓰리 골프장의 비용은 골프장마다 차이는 있지만 보통 18홀 기준해서 3~4만 원 정도이며 카트비가 없이 개인이 손수레처럼 끌고 다니는 수동 카트를 사용하는데 대부분 무료이다. 파 쓰리에는 캐디도 없어서 당연히 캐디피도 발생하지 않는다. 비용 절감의 측면에서는 장점이 될 수도 있으나, 코스를 돌며 플레이 할 때마다 본인 스스로가 하나부터 열까지 위험 요소를 잘 살피며 플레이를 해야 한다.

　파 쓰리 골프장에서 플레이를 할 때에 티 샷을 실수한 경우 뒤 팀이 안 따라오면 볼을 한 개 정도 더 치면서 연습을 할 수가 있지만 뒤 팀이 바짝 쫓아 와서 여유가 없으면 볼을 한 개 더 치면 안 되고 바로 진행해야 한다. 파 쓰리 골프장도 원칙은 볼을 한 개씩만 쳐야 하지만 눈치껏 진행하면서 미스 샷을 할 때는 한 개씩 더 치면서 연습할 수도 있다. 그러나 뒤 팀에게 밀릴 경우에는 반드시 원 볼 플레이를 해야 한다.

3. 스크린 골프장에서 골프를 칠 때

　요즘은 골프를 정식으로 배우지 않은 사람들도 친구 따라 강남 간다고 친구들과 스크린 골프장에 한 번쯤은 가 보았을 것이다. 예전보다는 스크린 센서가 다각도에서 감지를 하고 감지능력도 월등히 높아지다 보니 거의 실전과 오차가 크게 나지 않는다고 한다. 스크린에서 샷을 하면 화면에 볼 스피드, 발사각, 스핀량 등 자신의 샷에 대한 정보가 바로바로 화면에 나타난다. 또한 자신의 샷에 대한 영상도 보여 주니 자신의 스윙 폼도 점검할 수가 있어서 좋다. 스크린 비용은 지역과 업장마다 조금씩 차이는 나지만 보통 1만 5천 원에서 2만 2천 원 정도이며 오전 시간에는 조금 더 할인을 해 주고 있다.

필드와 스크린 골프와는 조금 차이점이 있지만 필드와는 또 다른 즐거움을 주는 것 같다. 요즘에는 투어 프로들도 스크린 골프에서 진행하는 G투어프로대회에 참가를 하고 있다.

다만 스크린 골프를 즐기려면 스크린 골프 퍼팅 요령을 정확히 숙지해야 좋은 스코어를 기록할 수가 있다. 유튜브에 검색하면 스크린 퍼팅 요령에 대해 많이 올라와 있다.

05

골프를 배우려면 어떻게 하지?

골프에서 스윙은 스윙 원리를 자세히 이해하고 올바른 자세로 꾸준히 연습을 해야만 비로소 자신만의 것을 완성할 수 있다. 골프를 잘못된 자세로 배우게 되면 그 자세를 고치기란 처음 배우는 것보다 10배나 더 어렵다. 투어 프로들도 자신의 스윙 자세를 아주 조금씩만 교정하는데도 6개월에서 1년까지 걸린다고 한다. 이렇게 중요한 스윙을 배우는 데 있어 반드시 명심해야 할 것이 있다.

첫째, 라이센스를 가진 프로에게 배워라.

사실 자격증이 없는 사람도 훌륭한 코치가 될 수 있고 자격증이 있다 해도 잘 가르치지 못하는 사람도 있을 수 있다. 다만, 당신 주위에 훌륭한 코치가 없다면 골프 연습장에 가라. 골프 연습장에는 레슨 경험이 많은 레슨 프로들이 3~4명 정도가 있다. 그분들 중 선택을 해서 매일 3개월간 레슨을 받으면서 연습하면 된다. 단, 유념해야 할 것은 한 명의 레슨 프로에게 배워야지 한 달마다 레슨 프로를 바꾸면 안 된다는 것이다. 전반적인 골프 스윙에 대해서는 Chapter 3. 골프 스윙에서 자세히 다루도록 하겠다. 골프 스윙은 열심히 한다는 가정하에 3개월 정도면 기본기를 갖추게 된다. 3개월 이후부터는 코치가 필요가 없이 혼자 연습하면 된다. 이때부터는 한 달에 한 번 정도 원 포인트 레슨을 받아 보는 것이 좋다. 그러다 골프를 배운 지 1년 정도가 되면 3개월에 한 번 정도 원 포인트 레슨을 받으면 된다. 골퍼마다 개인 특성이 다를 수는 있으나 본인이 언제쯤 원 포인트 레슨을 받아야 하는지는 느낌으로 알 수가 있다. 3개월의 레슨과 연습 기간이 지나고 4개월부터는 파 쓰리 골프장에서 기본기를 갖추며 필드 경험을 하는 것이다. 열심히만 한다면 6개월이면 정규 골프 클럽에서 라운딩을 즐길 수가 있을 것이다. 물론 3개월 만에 정규 골프장에 나가는 골퍼들도 있지만 너무 서두르다 보면 좋지 않은 기억들을 갖게 될 확률이 높다. 파 쓰리 골프장에서 연습하며 어프로치 샷과 벙커 샷 그리고 퍼팅감도 느끼고 그린 공략을 어떻게 해야 좋을지 고민도 하는 등의 전체적인 코스 공략에 대한 이해와 감을 익혀야 한다. 파 쓰리 골프장이라고 파 쓰리만 있는 것이 아니라 파 포를 갖추고 있는 파 쓰리 골프장도 많이 있으니 파 포를 갖추고 있는 파 쓰리 골프장을 이용하는 것이 좋다.

둘째, 골프를 처음 시작할 때는 중고 채를 이용하라.

골프는 우드와 아이언, 웨지, 퍼터 등 여러 가지 종류가 있는데 아마추어의 경우 아이언과 퍼터는 20년을 써도 큰 무리가 없으니 처음 골프채를 구매할 때 자신의 골프 스윙을 분석하여 자신에게 맞는 골프채를 선택해야 하는데 값비싼 골프채를 먼저 사는 경우가 허다하다. 요즈음 전국적으로 중고 골프채 매물이 많이 나와 있다. 아이언의 경우는 스윙하기 편한 캐비티백 골프채를 이용해 연습하면 좋다. 골프 장비 구입에 대해서는 5장에서 자세히 다루도록 하겠다.

셋째, 골프 스윙을 3개월간 꾸준히 하라.

근육이 스윙 자세를 기억하게 하기 위해서는 3개월간 하루도 빼먹지 말고 매일 300번 이상의 스윙을 꾸준히 해야 한다. 골프 스윙은 각 세포와 근육들이 기억을 하기 때문에 올바른 자세로 3개월간 지속적인 연습이 반드시 필요하다.

06

골프 용품

골프를 즐기려면 골프 용품을 구매해야 하는데 골프 용품 종류가 너무 많아서 필자도 모르는 골프 용품들이 해마다 출시되고 있으며 골프 스윙 교정에 따른 용품만도 그 종류가 다양하다. 하지만 필자는 골프 경기에 전혀 필요치 않은 다른 보조적인 용품들은 다루지 않겠다. 또한, 골프채에 대해서는 Chapter 5. 골프장 가는 날에서 자세히 다루도록 하고 여기서는 골프채 외의 용품만을 소개하도록 하겠다.

1. 골프공

골프공은 제조사마다 조금씩 다르지만 직경은 1.68인치(42.67mm)보다 크고 무게는 1.62온스(45.93g)보다 가벼운 규격으로 만들어져야 한다는 규칙이 있다.

골프공은 외형을 보면 표면에 반원형의 움푹 파인 형태의 모양들이 있는데 이것을 딤플이라고 하며 이러한 골프공의 구조는 공기의 저항을 덜 받기 위한 것이다. 골프공은 그 안쪽에는 고체나 액체로 만들어진 중심 부분과 중심을 덮는 부분, 그리고 표면이 움푹한 바깥쪽 부분으로 만들어졌다. 흔히 골프공의 내부가 몇 겹으로 되어 있냐에 따라서 원 피스볼, 투 피스볼, 쓰리 피스볼, 포 피스볼이라고 불린다. 연습용 볼은 원 피스볼로 사용하는데 가격이 저렴하고 부드럽지만 스윙 시 거리가 조금 안 나갈 수가 있다. 투 피스볼은 거리는 잘 나가나 스핀량이 적어서 볼 컨트롤이 어렵다. 그래서 보통 거리도 적당히 나가고 스핀도 잘 먹는 쓰리 피스볼을 많이 사용하고 있다. 요즘은 포 피스와 파이브 피스도 나오고 있지만 가격이 비싼 편이다. 골프공의 수명은 보통 2년 정도이며 21~23도 정도에서 보관해 주어야 좋다. 또한 골프공을 보면 색깔이 있는 숫자가 있는데 이것은 골프공의 압축 강도를 나타내는 것이다. 검정색은(100: 강한 압축), 빨강색(90: 중간 압축), 초록색(80: 약한 압축)으로 압축 강도가 높을수록 강도가 높다. 흔히 프로 선수와 중상급자는 검정색을 초급자와 중급자는 빨강색을 시니어와 여성분들 중 스윙 스피드가 떨어지는 분들은 초록색을 권장한다.

2. 거리 측정기

처음 경기를 시작할 때 골프공을 치는 곳을 티 박스(티잉 그라운드)라고 하는데 티 박스에서 그린 방향으로 공을 보낼 때 어디로 보낼 때가 가장 안전하며 유리할까를 생각하며 자신이 보낼 수 있는 곳까지의 거리를 측정하는 도구가 바로 거리 측정기이다. 또한 처음 샷뿐만이 아니라 그린 위로 골프공을 올릴 때 역시 거리 측정기를 사용하게 되는데 망원경처럼 생긴 거리 측정기(레이저를 이용)와 손목시계 형태(GPS를 이용)가 있으며 요즘에는 거리 측정기 앱이 개발되어 있어서 스마트폰으로 이용하기도 하나 프로 선수들은 레이저를 이용한 거리 측정기를 선호한다.

3. 골프티

골프티는 티 박스에서 처음 샷을 할 때 사용하는데 드라이버를 칠 때 공을 골프티에 올려놓고 치기 때문에 골프장에 갈 때는 여분의 골프티를 준비해야 한다. 티 박스에서 공을 칠 때 그 홀의 상황과 거리에 따라서 드라이버, 페어웨이 우드, 유틸리티, 아이언 등을 사용할 수 있는데 드라이버는 롱티(길이가 길은 티)를 꽂아서 쓰고 나머지 클럽은 보통 미들티(중간 길이의 티)와 숏티(길이가 짧은티)를 사용한다. 골프티는 오직 티 박스에서만 사용할 수가 있다.

4. 골프 장갑

골프 장갑은 골프 스윙 시 손의 그립감을 느끼게 하고 미끄러짐을 방지하며 스윙 시 손의 마찰로 인한 부상으로부터 손을 보호해 준다. 보통은 한쪽 손만 끼는 것이 일반적이나 여성들은 주로 양손 장갑을 사용한다. 오른손잡이는 왼쪽 장갑을, 왼손잡이는 오른쪽 장갑을 착용하는 것이 보통이나 프로 선수 중 그립감이 민감한 선수는 장갑을 아예 사용하지 않는 선수도 있다. 오른손잡이를 예로 들자면 자신의 평균 스윙 속도를 기준으로 왼손에 장갑을 끼면 스윙이 평균 속도이고 양손에 장갑을 끼면 평균 속도보다 스윙이 조금 빨라지고 오른손에 장갑을 끼면 양손에 장갑을 꼈을 때보다 스윙이 조금 더 빨라지기도 한다. 하지만 아마추어는 오른손잡이, 왼손잡이 상관하지 않고 반대 손에 장갑을 끼면 무방하다. 여성 프로 선수들 사이에서도 한쪽에만 장갑을 끼는 선수가 늘고 있는 추세이다. 흔히 퍼터를 잡을 때는 장갑을 끼지 않는데, 이것은 맨손으로 최대한의 감각을 느끼기 위해서이다. 골프 스윙에 있어서도 프로 골퍼들이 한 손에만 장갑을 착용하는 이유는 손으로 최대한의 감각을 느끼며 스윙을 하려고 하기 때문이다.

시중에 나와 있는 가죽 골프 장갑은 양피 가죽, 소가죽, 염소 가죽, 사슴 가죽, 캥거루 가죽, 장어 가죽 등을 사용해 만들어졌다. 이 중 골퍼들은 제일 부드럽고 착용감이 좋은 양피 가죽을 선호하여서 거의 양피 가죽이 주를 이루고 있으나 가격이 비싼 편이다. 반양피 가죽 장갑은 그립 잡는 면은 양피이고 손등 쪽은 합성 피혁으로 만들어져 가성비가 좋고 사용하기가 편리하여서 아마추어들이 많이 사용하고 있다. 골프 장갑의 두께는 0.4~0.5mm 정도이며 양피는 소재가 전부 가죽이기 때문에 약간씩 늘어나는 것을 고려해 구입 시 내 손에 딱 맞은 것을 선택하는 것이 좋다.

5. 볼마커

골프공을 그린까지 올려놓았으면 이제 퍼터를 사용하여 홀에만 공을 넣으면 그 홀은 마치게 된다. 그린에 올려진 공은 공의 표면에 묻은 흙을 닦기 위해 집어 올릴 수가 있는데 이때 공이 있던 자리를 표시하기 위해 볼 뒤에 볼마커를 놓고 공을 집어 올린다. 볼에 묻은 흙을 닦고 홀에 공을 넣기 위해 그린의 전체적인 상태와 공과 홀과의 방향을 읽은 다음 볼을 볼마커 앞에 놓고 볼마커는 다시 집어 올리고 퍼팅을 하면 된다.

6. 골프공 타올

그린에서 골프공에 묻은 흙을 닦기 위해 필요하다. 보통은 캐디가 볼도 닦아 주고 퍼팅라인도 읽어 주지만 대다수의 상급자는 본인이 흙 묻은 볼도 닦고 퍼팅라인도 본인이 읽는다. 그러나 보통 초중급 아마추어 골퍼들은 캐디가 퍼팅라인에 공을 맞춰 놓으면 그대로 퍼팅을 하는데 퍼팅 실력을 높이려면 본인 스스로 퍼팅라인을 읽은 다음 공을 퍼팅라인에 잘 맞춰 놓고 퍼팅을 해야 한다. 본인이 볼을 놓고 퍼팅을 했는데 그린을 잘못 읽어서 엉뚱한 곳으로 볼이 굴러가도 계속해서 본인이 퍼팅라인을 읽어야 점차 실력이 늘어나게 된다.

7. 그린보수기(피치마크 툴)

그린에 볼이 떨어지게 되면 그린이 약하기 때문에 볼에 의해 그린이 움푹 파인다. 이것을 '피치마크'라고 하는데 피치마크를 수리하는 도구를 그린보수기(피치마크 툴)라고 한다. 본인이 만든 피치마크는 본인이 수리를 해야 하는데 많은 아마추어 분들은 캐디가 해야 하는 걸로 알고 있으며 본인이 수리를 한다고 해도 잘못된 방법으로 수리를 해서 그린을 죽게 하기도 한다. 먼저 포크처럼 생긴 보수기를 피치마크 뒤쪽에서 피치마크 안쪽 방향으로 45도로 꽂는다. 여기서 많은 분들이 지렛대처럼 보수기를 밑으로 내려 버리는데 그렇게 하면 잔디 뿌리가 끊겨서 잔디가 고사하게 된다. 보수기를 밑으로 내리지 말고 피치마크 중심 쪽으로 밀면서 일자로 세워 주면 된다. 이런 방식으로 피치마크 둘레를 원형으로 보수기를 찔러 넣고 세우고 한 다음 마지막으로 퍼터의 평평한 솔 부분(밑바닥)으로 다독거려 주면 깨끗한 그린으로 보수가 될 것이다. 이렇게 본인이 올바른 방법으로 피치마크를 보수한다면 당신은 이미 골프의 고수이다.

8. 그 외 골프 용품

일반적인 골프 용품으로는 골프 모자, 골프화, 우비(일반적으로 약간의 비가 내릴 때는 경기를 진행한다. 이때는 신발 쪽부터 무릎까지 걸치는 토시도 챙기는 것이 좋다), 골프 우산(비가 오거나 자외선이 강한 날씨에는 필요함) 등이 있다. 골프 웨어는 자신의 취향에 맞게 선택하면 된다. 청바지나 일상적인 의상이나 또는 등산복과 같은 차림은 골프장에서는 어울리지 않으며 땀의 흡수와 발열도 되는 골프 웨어를 입어야 18홀 동안 상쾌하게 골프를 즐길 수가 있다. 또한 남성이 여름에 반바지를 입을 경우 긴 양말을 신어야 하는데 이것도 허용해 주는 골프장만 착용이 가능하니 본인이 여름에 너무 더워서 반바지를 꼭 입어야 한다면 미리 골프장에 문의를 해 보아야 할 것이다.

이외에도 필자가 모르는 골프 용품이 얼마나 많은지 모른다. 하지만 필자는 기본적으로 골프를 즐기는 데 있어서 지금까지 나열한 골프 용품 외는 사용한 적이 없다. 다만 한 가지 사용하고 있는 것이 집에서나 사무실 등에서 사용할 수 있는 퍼팅그린 카펫이다. 퍼팅은 골프에 있어서 골프 스코어를 줄이는 가장 중요한 대목이다. 골프는 가장 적게 치는 골퍼가 우승하는 게임이다. 골퍼들이 제일 많이 치는 것이 퍼팅인데 퍼팅을 가장 적게 쳐야 우승할 수가 있기 때문이다.

독자분들도 퍼팅그린 카펫은 하나 장만해서 수시로 퍼팅 연습을 하길 바란다.

07

싱글과 핸디캡

1. 골프에서 싱글(Single-digit Handicap)이란?

앞장에서 언급했듯이 골프는 기준 타수가 72타이다. 이 기준 타수에 한 자리 숫자를 더한 것을 싱글이라 하는데 1부터 9까지가 한 자리 숫자이므로 기준 타수인 72타에 1부터 9를 더하면 73에서 81타까지가 싱글인 셈이다. 하지만 우리나라는 80대를 넘기면 싱글로 인정을 해 주지 않는 분위기이다. 그래서 73타부터 79타를 보통 싱글 골퍼라고 한다. 여기서 자신의 핸디(핸디캡-Handicap)를 알아야 되는데 핸디캡이란 경기를 함께하는 동반자들과 경기 성적에서 너무 큰 차이가 생기지 않게 잘하는 사람에게 주어지는 불리한 조건을 말한다. 예를 들어 국가대표 축구선수들과 동네 축구팀과 경기를 할 경우 동네 축구팀이 3:0으로 유리한 상태에서 경기를 시작하는 것이다. 결국 핸디캡이란 잘하는 사람에게 불리한 조건이다. 그러나 사실상 정확한 핸디를 계산하기가 어렵다. 골프장마다 특성이 있으며, 또한 각 코스마다 어렵고 쉬운 코스가 있으니 어디에 기준을 맞춘다는 것이 여간 어려운 것이 아니다. 전 세계 골프를 주관하는 곳이 영국 왕실골프협회와 미국 골프협회인데 모든 골프 규정이나 경기 규칙 등을 두 협회에서 함께 관장하고 있다. 미국 골프협회에서 이러한 문제들을 해소시키기 위해 2020년부터 WHS(World Handicap System)라는 시스템을 적용해 국제 표준화를 시켰다. 현재 우리나라도 이 방식을 따르고 있다.

2. 핸디캡 구하는 방식

(본인 스코어—코스 레이팅)×(113/슬로프 레이팅)=본인의 핸디캡

여기서 코스 레이팅이란 코스의 길이와 코스 내 10가지 장해물 요소에 대한 난이도를 객관적으로 평가하여 수치로 나타낸 것인데, 기준 타수인 72타를 치는 (핸디캡 0인 골퍼) 골퍼를 기준으로 그 골프장에서 쳤을 때 나오는 스코어를 말하는 것이다. 코스 레이팅이 70이라면 평균 72타를 치는 사람이 70타를 친다는 말이니 상대적으로 조금 쉬운 코스이며, 반대로 코스 레이팅이 74라면 평균 2타를 더 치게 되므로 어렵다는 의미이다.

슬로프 레이팅이란 상급자와 하급자가 느끼는 코스의 난이도의 차이를 나타낸 수치인데 슬로프는 55부터 155까지의 수치로 표현한다. 55가 가장 쉬운 코스이고 155가 가장 어려운 코스이다. 평균적인 난이도의 코스는 113인데 보기 플레이어(90타=핸디캡 18)의 골퍼 대상으로 기준이 113이다. 즉 핸디캡이 18인 보기 플레이어가 느끼는 코스의 난이도를 말

하는데 113보다 낮으면 쉬운 코스이고 113보다 높으면 어려운 코스를 말한다.

코스 레이팅과 슬로프 레이팅은 스코어 카드를 보면 나와 있다. 보통 거리에 따라 블랙 티(제일 긴 코스), 블루 티(중간 길이 코스), 화이트 티(제일 짧은 티)로 나누는데 각 티마다 코스 레이팅이 다르다. 흔히 아마추어들은 화이트 티에서 경기를 하며 여성분들은 이 코스보다 더 짧은 레드 티에서 경기를 한다. 20번의 라운드를 이러한 방식으로 구해서 상위 10개를 추려 0.96을 곱한 것이 정식 핸디캡이다. 일반적으로 아마추어는 이러한 방식으로 핸디를 구하는 것에 상당한 어려움을 느끼기 때문에 보편적으로 3회 라운딩의 평균값을 내서 핸디캡을 정하는 것이 보통이다.

스코어 카드에 표시된 코스 레이팅과 슬로프 레이팅도 확인 하면서 코스를 공략한다면 골프의 매력을 한층 더 느낄 수가 있을 것이다. 그러나 안타깝게도 우리나라 골프장 중 명문 골프장이나 규모가 큰 골프장 100여 개에서만 코스 레이팅과 슬로프 레이팅을 표시하고 있다. 미국의 골프장처럼 우리나라의 모든 골프장에서도 이런 게임 운영 과정이 체계화되어 모든 골퍼들이 진정한 골프의 재미를 느낄 수 있길 기대한다.

08

스코어 카드

▶ **아웃코스**

HOLE	1	2	3	4	5	6	7	8	9	TOT	NET
BLACK 74.9/144	352	163	321	511	381	509	227	357	399	3,220	
BLUE 74.1/142	332	150	280	482	352	489	209	325	372	2,991	
WHITE 73.2/137	311	139	263	453	316	451	195	301	349	2,778	
YELLOW 72/114	298	125	248	410	280	412	172	275	325	2,545	
RED 72/113	283	112	237	385	254	379	142	257	310	2,359	
PAR	4	3	4	5	4	5	3	4	4	36	
Player A	4	4	5	4	4	4	5	4	5	39	
Player B	0	1	1	-1	0	-1	2	0	1	39	
Player C											
Player D											
Handicap	5	3	2	6	9	8	1	4	7	45	
Marker's Signature											
Player's Signature											

▶ 인코스

HOLE	1	2	3	4	5	6	7	8	9	TOT	NET
BLACK 73.4/141	460	329	497	136	328	339	191	298	365	2,943	
BLUE 73/135	453	308	437	107	295	304	165	264	330	2,663	
WHITE 72/115	364	256	377	87	245	241	119	217	304	2,210	
YELLOW 72/113	359	250	375	84	241	235	115	210	258	2,127	
RED 71/111	353	246	368	80	237	229	111	191	233	2,048	
PAR	5	4	5	3	4	4	3	4	4	36	
Player A	4	4	5	3	5	5	4	4	3	37	
Player B	-1	0	0	0	1	1	1	0	-1	37	
Player C											
Player D											
Handicap	1	3	7	4	5	2	6	9	8	45	
Marker's Signature											
Player's Signature											

　스코어 카드와 야디지 북은 꼭 작성을 하면서 플레이를 해야 실력도 향상되며 본인의 실력도 정확히 파악할 수가 있다. 제일 중요한 것은 본인의 실력에 따라 골프 코스 공략을 전략적으로 설계하여 플레이했을 때 골프의 진정한 매력을 느낄 수가 있기 때문에 꼭 작성하는 것이 좋다.

　앞의 스코어 카드를 보면 아웃코스와 인코스로 나뉘어져 있는데 골프장마다 스코어 카드가 조금씩 상이하나 내용은 별반 다르지 않는다.

　스코어 카드 작성하는 방법은 보통 두 가지이다. 앞의 표에서 플레이어 A와 플레이어 B를 똑같은 점수로 예를 들어 놓았다. 플레이어 A는 자신이 샷을 한 숫자를 그대로 적은 것인데 가장 일반적인 방법으로 전반전(아웃코스)에 자신이 샷 한 숫자를 전부 더하면 39타를 기록하였고 후반전(인코스)에서는 37타를 기록하여 총 76타를 치게 된 것이다. 플레이어 B는 파를 기준으로 파를 했을 때는 0으로 표기하고 파보다 적게 치면 적게 친 만큼 마이너스로 표기하고 파보다 많이 치면 많이 친 숫자만큼을 표기하면 된다. 위의 스코어 카드를 보면 이해가 될 것이다. 보통 캐디들은 테블릿 PC에 스코어 카드를 적는데 플레이어 B처럼 표기를 하는 편이다.

- HOLE: 홀의 번호.
- BLACK: 블랙 티는 최상급의 골퍼들이나 프로 골퍼들이 치는 티잉 구역으로 티 마커의 색상이 검은색이다.
- BLUE: 블루 티는 싱글 이상의 골퍼들이나 프로 골퍼들이 치는 티잉 구역으로 챔피언 티라고도 하며 티 마커의 색상이 파란색이다.
- WHITE: 화이트 티는 레귤러 티라고도 하며 티 마커의 색상이 하얀색이고 일반 골퍼가 사용하는 티로서 보통 아마추어 남성들은 화이트 티에서 티샷을 하게 된다.
- YELLOW: 티 마커의 색상은 노란색으로 중상급 여성 골퍼들이나 남성 시니어 골퍼가 사용하는 티잉 구역이다.
- RED: 레드 티는 레이디 티라고도 하며 여성 골퍼나 주니어 골퍼를 위한 티잉 구역으로 티 마커는 빨간색으로 되어 있으며 홀과의 거리가 제일 가까운 티잉 구역이다.
- 위와 같이 5가지 티잉 구역이 있으나 보통은 블루 티와 화이트 티 그리고 레드 티로 3가지 티잉 구역으로 설계된 골프장이 대부분이다.

- Course Rating과 Slope Rating: 아웃코스의 블랙 티를 보면 뒤에 숫자가 보일 것이다. 74.9/144이라고 적혀 있는데 앞의 숫자 74.9는 코스 레이팅이고 뒤의 숫자 144은 슬로프 레이팅이다.
- PAR: 기준 타수.
- Player A~D: 동반 경기자.
- Handicap: 여기서의 핸디캡은 1홀~9홀까지 홀의 난이도를 말한다.
- NET: Net Score로서 토탈 스코어에서 자신의 핸디캡을 뺀 스코어.
- Marker's Signature: 정식 경기를 마치면 스코어 텐트에 가서 마커에게 본인의 스코어를 확인받아 제출하게 된다. 정식경기가 아닌 아마추어 친선 경기는 본인과 캐디가 스코어 카드를 적기 때문에 확인할 필요는 없다.
- Player's Signature: 플레이어의 사인, 아마추어 골퍼들은 본인이 스코어 카드를 작성하지 않고 캐디가 스코어 카드를 작성하는 것으로 만족하고 있는 골퍼들이 대부분일 것이다. 그런 골퍼들은 야디지 북 또한 가지고 다니지 않을 것으로 예상된다. 하지만 골프의 진정한 즐거움은 야디지 북을 통하여 내가 코스를 공략한 대로 플레이하여 나의 전략대로 결과가 나왔을 때 진정한 골프의 묘미를 느낄 수가 있다. 또한 나의 공략대로 플레이하였으나 결과가 안 좋았을 때는 야디지 북에 첨삭을 하여 코스 공략을 수정하면서 플레이를 해 나간다면 점차 본인의 실력이 늘고 있는 것을 확인할 수가 있을 것이다. 이렇게 스코어 카드에 나와 있는 코스 레이팅과 슬로프 레이팅, 그리고 그 홀의 핸디캡을 바탕으로 야디지 북을 참고하여 코스 공략을 한대로 플레이하여 그 홀의 점수를 본인이 스코어 카드에 직접 기재를 하

면 정확한 본인의 실력을 알게 될 것이다. 물론 캐디가 스코어 카드
를 적지만 캐디가 4명을 관리하기 때문에 놓치는 부분이 가끔씩 있
다. 스코어 카드는 본인이 소지하면서 직접 기재를 해야 경험도 쌓고
스코어도 정확히 알 수가 있다.

09

난 백돌이야!

1. 타수에 따른 용어

  흔히 친구들 간에 "난 아직 백돌이야!" 혹은 "난 보기 플레이어야!" 하는 말들을 들어 보았을 것이다. 이전 단락에서 싱글에 대해 알아봤으니 이제 좀 더 확장된 범위의 플레이어 용어에 대해 알아보자.

  - 기준 타수 72타 보다 적게 치면 언더 플레이어(under player)
  - 기준 타수인 72타를 치면 스크래치 플레이어(scratch player)
  - 73타~79타 싱글 플레이어(single player)
  - 80타~90타 보기 플레이어(bogey player)
  - 91타~100타 백돌이, 백순이(정식 명칭은 아니나 흔히 쓰이고 있다.)
  - 100타 이상 비기너(골프 초보자), 골린이(골프 어린이)

2. 내기 골프

골프장에서 플레이를 하다 보면 흔히 본인이 보기 플레이어라고 말하는 친구들이 많이 있다. 그런데 막상 경기를 하다 보면 100타 정도를 치거나 100타를 훌쩍 넘기는 친구들이 가끔씩 있다. 물론 보기 플레이를 할 때도 더러 있겠지만 그보다는 100타를 넘길 때가 더 많이 있는 것이다. 이런 친구들은 친구들 사이에서 인기이다. 친구들 간에는 크게 든 작게 든 재미를 위해 내기 골프를 주로 하게 된다. 실력 차이가 많이 나지 않는다면 스크래치 방식(핸디캡이 없이 경기를 하는 것)으로 경기를 하게 되는데 내기 게임을 여러 번 경험한 친구들은 자신의 핸디를 정확하게 알기 때문에 곤란에 빠지지 않는다. 그러나 친선 경기만 하다가 처음 내기 골프를 하는 사람들은 십중팔구는 호구가 되기 십상인 것이다. 흔히 내기를 하지 않고 친선 경기를 할 때는 티샷이 오비(OB: Out of Bounds-경기장에 코스 경계를 표시한 하얀 말뚝을 넘어간 볼)가 나면 동반자가 멀리건(오비 난 것을 무효로 하고 기회를 한 번 더 주는 것)을 주는데 전반 한 번, 후반 한 번 해서 경기 중 2번 정도로 멀리건을 주는 것이 보통이다. 그러나 내기 골프에서는 멀리건 없이 경기를 하는 것이 일반적이다. 그리고 그린에서도 홀과 볼의 위치가 퍼터의 길이보다 짧으면 친선 경기 시에는 OK를 주는데 내기 골프에선 가까운 거리도 OK를 잘 안 준다. 사실 OK 거리라 하더라도 볼을 홀에 못 넣는 경우가 허다하다. 그러니 친선 경기에서는 내기 골프 경기보다 많게는 10타 이상도 차이가 날 수 있는 것이다. 친구들 간에 간혹 쓸데없는 자존심 때문에 오히려 하급자가 중상급자에게 핸디를 받지 않고 스크래치로 경기를 하자고 하는 경우가 있는데 이는 매우 바람직하지 못하다. 이로 인해 결국에는 점수 차가 벌어지면서 멘탈도 붕괴되고 골프 공략도 무리하게 해서 점점 더 수렁으로 빠지게 되어 돈은 돈대로 잃고 최악의 스트레스를 경험하게 된다. 골프도 인생의 축소판이라고 하지 않던가? 항상 겸손하며 자신의 실력과 동반자의 실력을 인정하고 실력에 따라 핸디를 주고받으면서 욕심을 버리고 골프를 즐긴다면 게임을 통해 스트레스를 날려 버리고 힐링할 수 있는 즐거운 시간이 될 것이다.

다만 자신의 핸디를 정확히 알아 가려면 친선 게임이라 할지라도 멀리건을 쓰지 말고, 되도록이면 홀과 가까운 거리도 직접 퍼팅을 해야 퍼팅 실력이 향상되므로 OK를 받더라도 동반자들에게 양해를 구하고 꼭 퍼팅을 하길 바란다. 그렇게 해야 자신의 실력을 정확히 파악하고 골프 실력도 늘고 꼼수도 안 쓰게 되며 진정한 골퍼로서 거듭나게 될 것이다.

3. 알까기

골프를 하다 보면 알을 까거나(잃어버린 공을 찾은 척하며 다른 공을 동반자들 몰래 잔디 위에 내려놓는 행위를 비유하는 말) 타수를 한두 개씩 틀리게 말하는 등의 비신사적 플레이를 하는 사람이 더러 있기도 하다. 그런데 이러한 행위를 동반자들이 모른다고 생각하면 큰 오산이다. 골프 경기에서 처음 티샷(1홀)은 제비뽑기를 통해서 아너(맞는 표현-Honor, 명예, 존경/잘못된 표현-Owner, 주인, 소유주)와 순서를 정하게 되고, 다음 홀 티샷은 전 홀에서 이긴 사람이 아너가 된다. 세컨드 샷부터는 그린에서 제일 먼 사람이 먼저 치거나 그린에서 제일 멀지 않지만 샷을 할 준비가 되어 있고 샷을 해도 안전상에 문제가 없는 사람이 치게 된다. 동반자들이 동의하에 제일 거리가 먼 사람보다 먼저 칠 수도 있으나 통상적으로 그린에서 제일 먼 사람부터 순서대로 치기 때문에 대부분의 중상급자들은 다른 동반자들의 플레이를 다 지켜보고 있어서 그 홀에서 몇 타를 쳤는지 다 알고 있다. 알 깐 골프공도 캐디가 그린에서 볼을 닦아 줄 때 먼저 플레이한 볼과 같은 볼인지 다른 볼인지 알 수가 있다. 물론 치밀하게 같은 메이커 볼에 같은 번호의 볼로 알을 깠다면 캐디가 못 알아볼 수도 있겠지만 본인만은 그 사실을 잘 알고 있을 것이다. 프로 선수들도 예외는 아니다. 프로 선수들은 꼼수를 안 부리는 것 같지만 프로 선수가 알까기를 하다가 걸리기도 하고, 볼을 좋은 위치로 몰래 옮겨 놓다가 걸리기도 한다. 하지만 그것은 아주 손꼽을 정도의 일이고 더군다나 요즘은 카메라가 많아서 거의 불명예스러운 행동을 하지 않는다. 골프는 신사의 스포츠라고도 하고 명예의 스포츠라고도 하지 않던가? 진정한 골퍼라면 승패에만 집착하지 말고 자신의 명예를 지키고 신사가 되어야 하지 않을까 생각한다.

4. 오비(OB)

우리가 흔히 오비라고 말하는 코스 밖으로 넘어가는 볼에 대한 벌타를 헷갈려 하는 분들이 많아서 자세히 짚어 보도록 하겠다. 오비가 나면 1개의 벌타를 받는다. 한 타를 쳤고 벌타 한 개가 더해졌으므로 다음에 다시 티 박스에서 치는 샷은 3번째 샷이 된다. 오비가 나면 티 박스에서 다시 치는 경우도 있지만 보통은 원만한 경기 운영을 위해 페어웨이 중간 지점에 특설 티를 만들어 놓는데 특설 티에서는 4번째 샷을 하게 되는 것이다. 오비에 대해 잘 모르는 골퍼들은 특설 티에서 칠 때 간혹 3번째 샷이라고 착각을 많이 하고 자신의 타수를 잘못 헤아린다. 공짜로 걸어서 특설 티까지 온 것이 아니라 걸어서 온 것만큼 한 타를 더 친 것으로 간주하여 4번째 샷이 되는 것이다. 특설 티에서 치면 자신이 불리하다는 생각에 티 박스에서 다시 친다고 하시는 분들도 적지 않은데 그것은 잘못된 생각이다. 특설 티는 보통 아마추어들의 평균 비거리보다 조금 더 먼 곳에 설치되어 있으며 코스 양옆에 골프공 모형의 흰색 공으로 만들어져 있는데 흰색 공 양쪽에 임의의 선을 그어 그 선의 뒤쪽에서 자신이 플레이하기 좋은 곳을 골라 샷을 하면 된다. 그렇기 때문에 굉장한 장타자가 아닐 경우에는 티 박스에서 치는 것 보다는 특설 티가 훨씬 유리한 것이다. 특히 친선 골프가 아니라 내기 골프일 때는 반드시 특설 티에서 4번째 샷을 하는 것이 아주 현명한 방법이다. 오비는 아마추어 골퍼들이 가끔씩 자신의 타수를 헷갈려 하기 때문에 두세 번 더 다루어진다.

10

골프 공략?

1. 골프 코스의 구역

골프 코스의 구역은 다음과 같이 5가지로 구성되어 있다.

- 티잉 구역(티잉 그라운드, 티 박스): 각 홀마다 처음으로 티샷을 하는 곳.
- 페널티 구역: 예전에는 해저드란 용어를 사용했는데 2019년 골프 룰 개정 이후로 페널티 구역으로 바뀌었다. 2019년에 해저드란 용어가 사라졌지만 아직도 캐디들도 해저드라는 용어를 사용하고 있는데 아직 적응하지 못한 아마추어들을 위한 배려이지 싶다.
- 벙커: 잔디 지면보다 움푹 파인 곳으로 모래로 이루어져 있다.
- 퍼팅 그린: 홀컵이 있는 잘 가꿔진 잔디로 이루어진 곳.
- 일반 구역: 위의 4구역을 제외한 모든 코스 내 구역으로 페어웨이(티 박스 앞쪽부터 그린 사이에 플레이하기 좋은 짧은 잔디로 잘 관리된 곳)와 러프(페어웨이 가장자리에 있는 구역으로 긴 잔디나 풀, 등으

로 대체로 공을 치기 어려운 곳)로 이루어져 있다. 골프 공략이란 앞에서 설명한 페널티구역과 벙커, 러프등 이러한 장애물들을 어떻게 잘 피해 가며 적은 타수로 볼을 그린에 올려 홀 아웃을 할 수 있을까 생각하며 계획적으로 샷을 하는 것이다.

2. 홀별 공략법

앞서 몇 번 언급한 것처럼 골프 코스는 18개 홀로 파 쓰리가 4개 홀, 파 포가 10개 홀, 파 파이브 4개 홀로 이루어져 있는데 전략을 잘 세우기 위해 홀별 공략법을 간단한 예시를 통해 살펴보자.

1) 파 쓰리 공략법

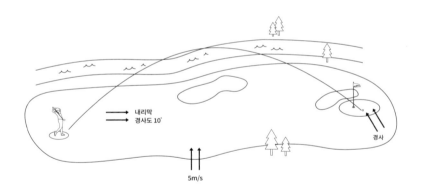

파 쓰리는 대부분 짧게는 80m에서 길게는 180m 정도의 길이기 때문에 한 번의 샷으로 그린을 공략할 수가 있는 홀이다. 그래서 초급자들도 잘하면 파를 하거나 보기를 할 수 있는 홀이다. 티샷을 잘만 한다면 버디까지도 노려볼 수 있는 홀이기 때문에 일단 그린으로 공을 올리는 것을 목표로 해야 한다. 파 쓰리를 제대로 공략하기 위해서는 먼저 그린의 상태를 파악해야 한다. 그린이 평탄한지 뒤쪽이 높은지 앞쪽이 높은지 좌측이나 우측이 높은지, 또는 그린 주변에 장애물은 어디에 있고 다른 위험 요소는 없는지 주의 깊게 살펴야 한다. 그리고 그린까지의 거리를 계산해야 하는데, 이때는 내리막과 오르막을 잘 고려해서 정확한 거리를 측정해야 한다. 이렇게 종합적으로 모든 위험 요소와 그 홀의 특성을 잘 파악하여 내가 볼을 어느 지점에 떨어뜨려서 어느 쪽으로 어느 정도 굴러가게 할 것인지 판단을 하여 샷을 하여야 하는 것이다. 앞의 그림처럼 홀컵이 그린의 앞쪽 좌측에 위치해 있고 그린은 우측에서 좌측 아래로 대각선 방향으로 많이 흘러가고 그린 좌측 앞쪽에는 그린 벙커가 있고 그린 좌측으로는 길게 하천이 지나가고 바람은 우측에서 좌측으로 5m/s(바람이 1초에 5m 간다는 소리-잔디를 뜯어 바람에 날리면 대략 감을 느낄 수 있다) 정도 불고 있으며 약 10도 정도 경사도의 내리막이 있다고 가정해 보자. 거리를 측정해 보니 홀컵까지의 거리가 150m일 때 어떤 방식으로 공략을 해야 할까? 필자라면 145m 정도로 홀컵보다 10m 우측으로 볼을 떨어뜨릴 것이다. 그러면 여러 위험 요소도 피할 수 있고 바람과 내리막의 영향으로 홀컵보다 5~7m 우측 뒤쪽으로 떨어져 그린 경사를 따라 5~7m 홀컵 쪽으로 굴러 내려올 것이라고 예상한다. 이렇게 해서 볼이 그린에 올라가면 5m 이내의 거리는 퍼팅 라인을 잘 읽고 집중하여 볼을 홀에 넣으면 된다. 그런데 5m 이상의 거리에서는 볼을 홀에 직접 넣으려고 신경 쓰다 보면 거리 감각이 떨어져서 짧게 치거나 혹은 너무 길게 쳐서 두 번의 퍼팅에도 볼을 홀에 못 넣게 되는 경우가 많다.

이럴 때는 홀을 중심으로 반경 1m의 원을 본인 마음속으로 그려 놓고 그 원 안에 볼을 넣는다고 생각하고 퍼팅을 하면 거리감이 좋아져서 쉽게 볼을 원 안에 넣을 수가 있고 두 번째 퍼팅으로 홀 아웃을 하면 된다.

2) 파 포 공략법

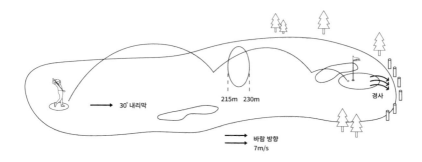

18홀 중 파 포가 10개로 가장 많이 있는 홀이다. 파 포에서는 티샷을 페어웨이에 안전하게 보내는 것이 최상의 목표이다. 드라이버를 멀리 보내려고 무리하게 힘을 쓰게 되면 스윙이 흐트러져서 볼이 엉뚱한 곳으로 갈 수가 있다. 항상 욕심을 버리고 기본자세를 지키면서 힘을 빼고 스윙을 해야 한다. 티샷을 잘못 보내면 두 번째 샷이 좋을 확률은 현저히 낮아지기 때문이다. 골프는 거리보다는 코스 공략이 우선이다. 나의 드라이버 비거리가 240m인데 크로스 벙커가 215m에서 230m 사이에 있다고 치면 대부분 아마추어는 내리막이면서 뒷바람이니 욕심을 내서 벙커를 넘기려고 할 것이다. 평상시라면 힘을 뺀 바람직한 자세로 스윙을 하면 벙커를 넘길 수도 있을 것이나 캐리(carry: 볼을 쳐서 떨어진 거리, 비거리: 캐리+굴러간 거리) 거리로 벙커로 빠질 수 있다는 불안감 때문에 자신도 모르게 힘이 들어가 좋지 않은 곳으로 볼이 갈 수가 있다. 이 럴 때는 욕심을 버리고 안전하게 우드로 200m 지점을 목표로 샷을 하는 것이 올바른 공략이다. 일단 안전하게 티샷을 페어웨이에 보내 놓고 뒤 이어 세컨드 샷을 하게 된다.

다음 세컨드 샷 지점의 볼이 홀컵까지의 거리가 170m 남았다고 가정 하면 그린이 작고 뒤쪽으로 심하게 내리막이 있다. 그리고 그린 뒤 끝 쪽 에는 OB 말뚝이 보인다. 그린 앞쪽에는 그린 벙커가 포진해 있고 바람 도 뒷바람이 7m/s으로 불고 있다. 이런 상황에서는 아이언으로 공략해 서 그린과 벙커 사이에 볼을 떨어트려 홀컵으로 굴러가게 하면 되는데 조금 짧게 치면 벙커로 가고 홀컵 근처 정도만 볼을 떨어뜨려도 그린 경 사가 심해서 잘못하면 오비 지역까지 볼이 굴러서 나갈 수가 있다. 그 러니 이런 경우도 욕심을 버려야 한다. 파 포라고 해서 두 번 만에 그린 에 올리라는 법은 없으니 벙커 근처까지 일단 볼을 보내고 세 번째 어프 로치 샷(홀컵 가까이 그린에 올리는 샷)으로 홀컵에 붙여서 원 퍼팅으로 홀 아웃을 하면 파를 기록하게 되는 것이다.

3) 파 파이브 공략법

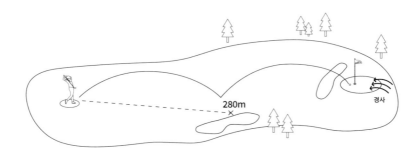

파 파이브 홀은 가장 긴 홀로서 390m 이상 500m 정도의 거리가 대부분이다. 파 파이브는 길이가 긴 만큼 드라이버, 우드, 유틸리티, 아이언 등의 모든 클럽(골프채를 골프 클럽이라고 한다)을 폭넓게 사용할 수가 있다. 파 파이브 홀에서는 페널티 구역과 벙커 등 각종 장애물들은 가급적 피하며 세 번 만에 그린에 볼을 올려 원 퍼팅으로 버디를 노려볼 수 있는 홀이다. 장타자들은 두 번 만에 볼을 그린에 올리고 한 번의 퍼팅으로 이글을 할 수 있는 홀이기도 하다. 파 쓰리나 파 포에서와 마찬가지로 바람과 내리막, 오르막 그리고 각종 장애물들을 피해 공략을 해야 하는데, 이때 나의 스윙 구질과 나의 클럽별 캐리 거리와 비거리 등을 참고하여 전략을 세워야 하는 것이다. 이 전략을 잘 세우다 보면 상급자로 한 걸음씩 나아가게 되는 것이다.

이해를 돕기 위해 상황을 가정해 보자. 예를 들어 드라이버가 드로우 구질이고 비거리가 240m이면 일반적으로 티샷을 할 때 티 박스의 좌측에서 페어웨이 우측의 280m 정도의 경계 지점 안쪽을 거리 측정기로 확인한 후 그 쪽 방향으로 안전하게 스윙을 한다. 이때 나의 구질인 드로우(볼이 똑바로 날아가다가 끝에서 좌측으로 휘어지는 구질)가 나면 페어웨이 가운데로 올 것이고 드로우가 걸리지 않고 스트레이트(똑바로 가는 구질)로 날아가도 중앙에서 살짝 우측 편에 볼이 떨어질 것이다. 드로우 구질인 골퍼는 슬라이스(우측으로 심하게 휘는 것)가 잘 나오지 않기 때문에 결국 볼은 페어웨이에 안전하게 안착할 것이다. 물론 중상급자 골퍼라면 드로우나 페이드(볼이 똑바로 날아가다가 끝에서 우측으로 휘어지는 구질) 구질을 모두 구사를 해야 하겠지만, 사실 대부분의 골퍼는 두 가지 구질 중에 상대적으로 자신 있는 것이 있기 마련이고 그 자신 있는 구질을 거의 80~90% 사용한다. 그런데 240m 우측에 벙커가 있다면 이야기는 달라진다. 이럴 경우에는 벙커의 좌측 끝을 보고 샷을 하거나 반대로 티 박스 우측에서 페어웨이 좌측의 280m 경계지점을 보고 페이드 샷을 해야 한다, 이것도 여의치 않으면 우드로 공략해야 한다.

앞의 예시는 이해를 돕기 위해 티 박스의 좌측이나 우측에서 샷을 하는 상황을 이야기하였지만 드라이버를 항상 잘 치는 골퍼는 자신이 스윙하기 좋은 곳을 선택하여 본인이 드로우 구질이면 약간 우측을 보고 샷을 하고 페이드 구질이면 약간 좌측을 보고 샷을 한다. 또한 티 박스를 보면 전체적으로 평지로 이루어져 있지가 않다. 약간의 경사도가 있는데 경사도는 스윙에 영향을 끼치게 되므로 티 박스 안에서 스윙에 방해가 되지 않는 곳을 잘 살펴서 그곳에서 티샷을 해야 좋은 결과가 나올 것이다. 다만 어쩔 수 없이 약간 경사가 있는 곳에서 스윙을 할 수밖에 없다면 그 경사를 잘 인식하고 스윙을 해야 실수가 없다. 또한 골프 공략에 있어서 가장 중요한 것은 본인의 실력을 본인이 잘 알고 전략적으로 공략을 해야 하는 것인데 예를 들자면 그린을 공략할 때 홀컵이 그린 중앙에 있고 그린 경사가 뒤쪽 부분에서 앞쪽으로 심하게 있다면 홀컵보다 살짝 짧게 쳐서 퍼팅할 때 오르막 퍼팅을 해야 좋은 선택이긴 한데 자신의 실력이 거리감이 조금 떨어진다면 홀을 직접 공략하는 것도 본인에 대한 최선의 공략인 것이다. 이처럼 코스 공략이라는 것은 모든 상황을 종합적으로 살펴서 꼼꼼하게 세워야 하는 것이다.

일부 골프장에서는 골프 연습장처럼 고무나 인조 잔디로 된 티 박스에서 볼을 치게 만들어 놓은 경우가 있다. 보통 초보자들이 실수하는 것이 연습장처럼 티 박스가 놓인 그 방향대로 어드레스(공을 보낼 방향을 정하고 샷을 하기 위해 클럽 페이스를 정면으로 향하며 취하는 기본자세)를 해서 샷을 하는 것이다. 각 홀마다 페어웨이 중앙 쪽으로 고무 티 박스 방향을 똑바로 맞추어 놓은 것이 아니기 때문에 잘 확인해서 에이밍(내가 볼을 보낼 방향으로 조준하는 것)을 해야 한다.

우리나라 골프장도 체계화가 되어서 서비스도 개선되고 연습장에서 사용되는 고무 티 박스와 인조 잔디로 만들어진 티 박스는 없어졌으면 하는 마음이다.

골프장의 홈페이지에 들어가면 각 코스마다 코스 사진을 통해 거리와 각종 장애물, 코스 공략하는 법까지 나와 있다. 가끔 프로 선수들 경기하는 것을 보면 뒷주머니에서 수첩을 꺼내서 캐디와 상의도 하고 무엇인가 적기도 하는 것을 보았을 것이다. 그것이 골프 코스 지도인 야디지 북(Yardage book)이다. 뒷주머니에 들어갈 수 있는 세로로 된 긴 수첩을 구입한 후 내가 이번에 라운딩 가는 골프장의 홈페이지에 들어가서 코스 지도와 코스 공략법을 캡처해서 수첩에 붙이면 간단하다. 필기구도 지참을 해서 코스를 돌 때마다 그 골프장의 코스 공략법을 참고하면서 내 자신에게 맞는 전략을 첨삭하면 된다. 무엇보다도 티샷 시 나의 비거리와 나의 구질로는 티 박스 어디에서 페어웨이의 어느 곳으로 보내야 최상의 선택이 되는지를 잘 적어 놓아야 한다. 또한 세컨드 샷 할 때도 그린에 올려야 좋은지, 그린 환경이 좋지 않은 곳이라면 어느 정도로 그린 앞에 떨어뜨려야 하는지 등을 세세하게 코스마다 적어 놓아야 한다. 그린에서도 평지인 줄 알았고 퍼팅을 했는데 내리막이 약간 있다면 그린 지도에 내리막인 부분을 표시해 놓아야 한다. 이렇게 골프장에 갈 때마다 야디지 북을 만들어 놓으면 본인의 골프 실력은 일취월장할 것이며 골프의 즐거움을 몇 배로 느낄 수 있을 것이다. 또한 야디지 북을 작성한 골프장에 다시 라운딩을 갈 때는 그 야디지 북을 가지고 가서 예전에 첨삭해 놓은 내용을 참고로 라운딩을 한다면 한층 더 즐거움이 배가 될 것이다.

스코어 카드에서도 언급했듯이 야디지 북과 스코어 카드에 나와 있는 코스 레이팅과 슬로프 레이팅, 그리고 각 코스별 난이도를 참고하여 내 골프 실력에 맞는 나만의 공략으로 플레이를 한다면 골프의 묘미를 터득하며 짜릿한 쾌감을 맛보게 될 것이다.

11

홀컵

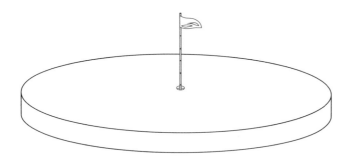

　골프 코스의 각 홀마다 그린 위에 홀컵이 있다. 그러니 총 18개가 있는 것이다. 여기에 볼을 넣어야 그 홀을 마치게 된다. 홀컵의 직경은 108mm (4.25인치)이며 깊이는 최소 101.6mm 이상, 원통은 지면으로부터 최소한 25mm 아래로 묻는다.

　골프에서 퍼팅을 할 때 예전에는 홀컵의 깃대를 뽑고 했으나 지금은 깃대를 그냥 꽂아 두고 퍼팅을 해도 되고 깃대를 뽑고 퍼팅을 해도 되는데 상황에 따라서 유리한 쪽으로 선택해서 퍼팅을 하면 된다. 필자가 그

동안 경험한 바로는 먼 거리는 깃대를 꽂아 놓고 퍼팅하는 게 좋다. 조금 강하게 퍼팅했을 경우 볼이 깃대에 맞으면서 볼을 멈추게 하여 홀컵 주변에 볼이 놓이거나 그날의 운수가 좋으면 볼이 깃대에 맞고 바로 홀컵으로 떨어지기도 하기 때문이다. 반대로 가까운 거리에서 퍼팅을 할 경우에는 깃대를 빼고 퍼팅하는 것이 좋다. 홀컵 뒤쪽 벽을 맞고 볼이 떨어져야 하는데 깃대가 있으면 깃대 정중앙에 볼이 안 맞고 약간 치우쳐서 맞으면 볼이 튕겨져 나올 수가 있기 때문이다. 또한 오르막에서는 깃대를 빼고 내리막에서는 깃대를 꽂아 두고 퍼팅을 해야 좋다. 오르막은 가까운 거리와 같은 이유이고 내리막은 조금이라도 볼이 빠를 경우 막아주기 때문이다. 그리고 바람이 심하게 불 때는 깃대가 한쪽으로 휘어져 있어서 한쪽은 공간이 넓고 다른 한쪽은 공간이 좁아서 공간이 좁은 곳으로 볼이 굴러간다면 들어가지 않을 확률이 높으니 이럴 경우에는 깃대를 뽑고 퍼팅을 하길 바란다.

그린에서 퍼팅을 했는데 간혹 가다 홀컵 가장자리에 걸려 있는 볼이 홀에 떨어질 듯 말 듯 할 때가 있다. 이때 홀 안에 볼이 떨어지길 기다릴 수가 있는데 기다리는 시간은 플레이어가 홀에 다가간 이후부터 10초간 허용된다. 그런데 10초가 지나가서 마지막 퍼팅을 하려는데 볼이 홀로 떨어졌다면 1벌타가 부과된다. 하지만 억울해할 것도 없다. 떨어진 볼은 그전에 퍼팅한 것으로 간주되니 마지막 퍼팅을 한 것이라고 생각하면 된다.

12

러프?

러프(Rough)는 페어웨이를 벗어난 구역으로 페어웨이 양옆에 잔디가 길고 무성하며 잘 정비가 안 되어 있는 곳으로 스윙하기가 어려운 구역이다.

러프의 종류는 보통 세 가지로 A 러프, B 러프, C 러프로 구분을 한다.

- A 러프: 페어웨이와 인접한 구역으로 잔디 길이가 약 3cm 정도로 양호한 구역으로 A Cut이라고도 하고 퍼스트 컷 러프라고도 한다.
- B 러프: A 러프를 바깥쪽으로 인접한 구역으로 잔디 길이가 약 7cm ~8cm 정도이며 B Cut이라고도 하고 세컨드 컷 러프라고도 한다.
- C 러프: B 러프를 바깥쪽으로 인접한 구역으로 잔디 길이가 약 10cm 이상이며 C Cut이라고도 하고 헤비 러프, 또는 딥 러프라고도 한다.

이렇게 잔디가 무성하면 플라이어(Flier)가 나게 되는데 플라이어는 스윙 시 공과 클럽 사이에 잔디가 끼면서 그루브가 제 역할을 못하게 된다. 그래서 공에 백스핀이 적게 걸려 공이 그린에 떨어져도 런이 많이 발생하게 되어 공이 그린 밖까지 굴러가게 되는 것이다.

러프에 공이 빠지게 되면 플라이어가 발생하기 쉬우므로 플라이어가 발생할 가능성이 높은 러프에서는 홀컵이 그린 뒤쪽에 위치해 있을 경우 한 클럽을 작게 선택을 하면 플라이어가 발생해도 공이 그린 초입에 떨어져서 홀컵까지 굴러가게 되지만 홀컵이 그린의 앞쪽에 위치해 있다면 거리에 맞는 제 거리의 아이언으로 공략해서 그린 앞쪽의 페어웨이에 공이 떨어져 공의 스피드를 떨어트리면서 홀컵으로 공이 굴러가게 공략하는 것이 좋을 것이다. 그러나 러프가 B 러프 이상이라면 웨지나 9번 아이언 정도로 페어웨이의 가운데로 탈출하는 것을 목표로 해야 한다. 욕심을 내고 제 거리를 보내려고 하다 보면 미스 샷을 유발하고 미스 샷을 유발하면 자신감이 현저히 떨어지기 때문에 다음 샷도 미스 샷을 할 확률이 높아진다. 골프는 욕심을 부리면 스트레스가 쌓이고 겸손하면 힐링이 되는 스포츠임을 명심해야 한다.

Chapter 2

골프 에티켓과 규칙

골프는 용사(勇士)처럼 플레이하고
신사(紳士)처럼 행동하는 게임이다.

- 데이비드 로버트 포건 -

01

게임 시작 전

1. 클럽하우스

골프 경기 40분 전에는 클럽하우스에 도착하여야 한다. 클럽하우스 카운터에서 본인의 티오프 시간과 예약자 이름을 말하면 본인의 락커룸 번호표를 준다. 처음 가는 골프장이라도 한 번 둘러보면 남성과 여성 락커룸 표시가 되어 있는 것을 바로 확인할 수가 있다. 락커룸에 들어가서 본인의 락커룸을 찾아 골프복으로 갈아입고 클럽 하우스에서 나와 경기장 쪽으로 가게 되는데 대부분 클럽하우스 뒤편을 보면 경기장으로 나가는 입구가 보인다. 클럽하우스 뒤편으로 나오면 연습 스윙을 하는 곳과 퍼팅 연습을 하는 연습 그린이 있다. 우선 약 10분간 스트레칭을 해서 몸을 풀어야 한다. 경기 시작 전에 캐디가 준비 운동을 시키는데 충분하지가 않다. 스트레칭이 끝나면 카트 대기 장소에서 내 클럽이 실린 카트를 찾아 드라이버를 챙겨서 연습하는 곳에서 5분 정도 스윙 연습을 하는 것이 좋다. 간혹 아무데서나 연습 스윙을 하는 분들을 보게 되는데 지나가는 사람이 다칠 수도 있으니 반드시 지정된 장소에서 연습 스윙을 해야 한다.

2. 연습 그린

스윙 연습이 끝나면 드라이버를 골프백에 가져다 넣고 이번엔 퍼터와 몇 개의 볼을 챙겨서 연습 그린으로 가서 짧은 퍼팅과 긴 퍼팅을 연습하면서 그린의 빠르기를 파악한다. 2m는 어느 정도로 치니 거리가 맞고, 5m는 어느 정도로 쳐야 거리가 맞는지 본인이 몸으로 느끼면서 10분 정도 집중해서 연습하는 것이 좋다. 골프장마다 퍼팅 연습장을 잘 살펴보면 그날의 그린 스피드(볼이 그린 위를 굴러가는 빠르기)가 표시되어 있지만 나의 퍼팅감으로 익혀 두는 것이 좋다. 가령 오늘 플레이할 골프장의 그린 스피드가 우리나라의 평균 그린 스피드인 2.7m이라면 단순히 수치를 보는 것만으로 내가 어느 정도로 퍼팅을 해야 하는지 정확히 알수가 없다. 만일 그린 스피드 표시가 없다면 캐디에게 물어보면 된다. 그린 스피드 수치는 참고만 할 뿐이지 날마다 모든 그린이 그린 스피드가 같지가 않다. 날씨에 따라 다르고 새벽, 오전, 오후에 따라 다르고 바람의 영향도 받기 때문이다. 그렇기 때문에 경기 시작 전 연습 그린에서 직접 퍼팅을 하면서 그린 빠르기를 파악해야 한다. 이렇게 퍼팅 연습이 끝나고 카트가 있는 곳으로 가면 티오프 10분 전이 될 것이다. 1번 홀로 이동하려면 보통 1분에서 길게는 5분 정도 걸리는 곳도 있으니 티오프 10분 전에는 카트에 도착해야 한다. 간혹 골프장에 늦게 도착해서 3홀이나 4홀 정도 칠 때 도착하는 사람이 있다. 그럴 경우 경기 흐름이 흐트러질 수 있으니 아주 긴박한 사정이 아니면 티오프 40분 전에는 골프장에 도착하는 것이 좋다. 동반자가 다 모이면 1번 홀로 향해 카트가 출발을 하게 된다.

02

티 박스

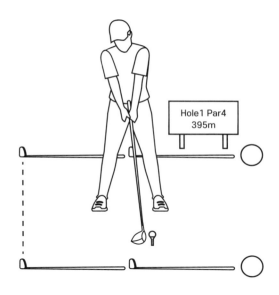

Hole1 Par4
395m

앞 팀이 빠져나가고 드디어 우리 팀의 카트가 1번 홀 티 박스 옆에 정
차하였다. 동반자들이 모두 하차하여 캐디의 안내를 받는다. 먼저 가볍
게 스트레칭을 한 다음 샷 순서를 정하는데 보통 뽑기로 정한다. 쇠로 된

젓가락처럼 생긴 막대 위쪽에 가로로 선이 한 줄부터 네 줄까지 그어져 있다. 그것을 제비뽑기하듯 선택을 해서 순서가 정해지면 그 순서대로 샷을 하게 된다. 첫 번째로 샷을 하는 사람을 아너라고 부르며 다음 홀부터는 점수가 좋은 골퍼 순서대로 아너가 바뀐다. 매 홀마다 전 홀에서 점수가 좋은 사람의 순서대로 샷을 하게 되는데 전 홀에서 아너가 파를 하고 A라는 사람도 파를 하면 전 홀에서 아너 한 사람이 다시 아너가 된다.

아너 외에는 티 박스에 올라가면 안 되고 아너가 샷을 마치면 두 번째 골퍼가 티 박스에 올라가게 된다. 플레이어가 샷을 할 때 뒤편으로 가서 쳐다보는 것은 에티켓에 어긋나는 행동이다. 또한 아너가 티 박스에 올라가서 스윙을 하려고 하는데 그 주변에서 다른 플레이어가 연습 스윙을 하고 있으면 아너가 신경이 쓰여 스윙에 방해를 주게 되므로 아너가 티 박스에 올라가면 연습 스윙은 자제해야 한다. 티 박스에 올라가면 앞편에 양쪽으로 티 마커가 설치되어 있는데 양쪽 티 마커에 가상의 선을 그어 그 선의 앞쪽으로 나가지 않고 뒤쪽에 골프티를 꽂고 티샷을 하면 된다. 앞쪽에 경사가 있어서 뒤쪽에서 칠 경우 자신의 드라이버를 이용하여 티 마커로부터 뒤로 2클럽까지 재서 가상의 직사각형을 만들면 그것이 티 박스의 경계이다. 흔히 티 박스 경계의 앞쪽으로 넘어가서 티를 꽂으면 배꼽 나왔다고 놀려 대는데 티 박스 경계를 넘어서 티를 꽂고 플레이를 하면 2벌타를 받게 된다. 내 스코어에 2를 더하는 것이다.

이제 티 오프(골프 경기 시작 시간)가 되면 아너가 티업을 한다. 티업이란 골프티를 잔디에 꽂고 볼을 올려놓는 것을 말한다. 매 홀마다 티업을 해야 볼을 칠 수가 있다. 아마추어들이 티 오프를 티업 시간이라고 부르는 것은 잘못된 표현인 것이다. 티 오프는 처음 홀 경기 시작 시간을 의미한다. 미국에서는 티타임이라고도 하는데 이것은 Tee off time(티 오프 타임)을 줄여서 티타임이라고 부르는 것이다. 하지만 우리나라에서는 티 오프 시간이 정확한 표현이다. 또한 티 박스에서 볼이 출발하면 그린에 올라 갈 때까지 특별한 경우를 제외하곤 볼을 손으로 집어 올리면 안 되며 볼이 놓인 그 상태에서 플레이를 해야 한다. 이를 어기면 1벌타를 받고 공이 놓였던 그 지점에 리플레이스(원래의 위치에 다시 가져다 놓는 것) 하여야 한다.

오랜만에 자연에 나와 지인들과 담소도 나누고 아주 유쾌한 시간을 보내며 기분이 업 될 수 있지만, 동반자가 어드레스를 취하면 일단 이야기는 멈춰야 한다. 그래야 플레이어가 집중을 하면서 샷을 할 수가 있다. 티샷을 할 때 루틴(공을 치기 위한 예비 동작을 취하는 것으로 샷을 잘하기 위한 개인의 일관된 동작이다. 연습 스윙을 하거나 본인의 습관적인 행동들을 말한다) 시간이 너무 길면 전체적으로 경기 흐름을 따라갈수가 없다. 보통 골프장마다 팀 간 티오프 간격을 7분 정도를 주기 때문에 한 사람이 지나치게 시간을 많이 쓰면 다른 동반자들이 힘들어지기 때문이다. 앞 팀과 너무 떨어지거나 또는 뒤 팀에게 너무 밀리면 그때부터 경기를 빨리 진행하기 때문에 골프 흐름도 깨지고 컨디션도 안 좋아진다. 그래서 루틴 시간이 긴 사람은 루틴을 되도록 짧게 조정을 하고 샷을 한 후 이동은 신속히 하며 세컨드 샷 할 때는 다시 연습 스윙을 한두번하고 난 뒤 바로 집중해서 샷을 하고 또 신속히 이동하며 플레이를 해야 한다. 가끔 게임 시간에 쫓겨 골프장에서 뛰어다니는 골퍼들이 있다. 시간 조절에 관한 주의점은 사실 초급자나 초중급자까지가 해당이 되는 내용이다. 중급자 이상이 되면 실수하는 샷이 적어지고 골프장 경험도 많이 있기 때문에 골프 경기의 흐름을 잘 알고 있다. 그래서 한가롭게 담소도 나누고 편하게 자연도 즐기며 자신의 코스 공략대로 코스를 공략하면서 여유롭게 골프를 즐기게 되는 것이다.

여러 가지 의미에서 에티켓이란 골프 규정에서 정해진 에티켓만 중요한 것이라 생각하지 않는다. 골프 경기 중 전반에 걸쳐 일어나는 모든 상황에 대해 서로 이해하고 배려하고 존중함으로서 더욱 성숙한 에티켓으로 보다 즐거운 골프를 경험할 것이라 믿는다.

03

페어웨이(Fairway)

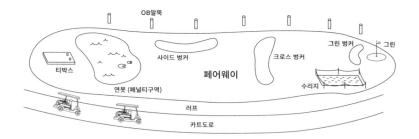

골프장에서 페어웨이, 벙커, 카트도로 등 다양한 구역을 만나게 된다. 이 중 페어웨이는 공을 치기 좋게 잔디를 잘 깎아 놓은 곳을 말한다. 티잉 그라운드를 벗어나면 홀컵에서 제일 멀리 있는 볼부터 플레이를 하게 되는데 이 규칙은 홀 아웃(홀컵에 볼을 넣고 그 홀을 마치는 것) 할 때까지 적용된다. 흔히 있는 일은 아니지만 샷을 한 볼이 잔디 밑까지 박히는 경우가 있다. 이때는 벌타가 없이 홀컵에 가깝지 않은 곳으로 한 클럽 이내에 볼을 놓고 칠 수가 있다. 샷을 하면 잔디가 패이게 되는데 패인 자국을 디봇이라고 한다. 플레이어는 샷을 한 후 떨어진 잔디를 주어다가 패인 곳을 메워 주고 잘 눌러줘야 한다. 그렇지 않으면 뒤에 오는 팀들의 볼이 디봇 자리에 들어갈 수 있고 그렇게 되면 플레이하기 어려운 샷이 되기 때문이다. 하지만 골프장에는 로컬 룰이 있는데 이 경우 디봇 자리에 떨어진 볼은 대부분 옮기고 치게 한다. 물론 프로 대회에서는 디봇에 볼이 들어가도 그 자리에서 샷을 해야 한다.

1. 수리지

잔디를 새로 수리한 곳을 수리지라고 하는데 보통 말뚝에 줄을 매달아 빨간색이나 파란색 등의 표식을 한다. 수리지에 들어간 볼은 무벌타로 홀과 가깝지 않은 곳에 수리지 가장자리에서 1 클럽 이내(나의 골프 클럽 중 가장 긴 드라이버로 거리를 재서 그 끝에 골프티를 꽂고 그 사이에서 드롭을 한다)에 드롭(무릎 높이에서 볼을 놓으면 된다) 하고 치면 된다.

2. 오비(OB: Out of Bounds)

페어웨이 우측과 좌측을 잘 살펴보면 백색으로 된 말뚝이 보인다. 그 말뚝을 오비 말뚝이라고 하며 그 오비 말뚝 사이를 가상의 선을 그어 볼이 그 가상의 선에만 걸쳐 있으면 코스에 있는 볼로 간주되고 선 밖으로 나가면 코스 밖의 볼이 되어 오비가 된다. 그런데 많은 분들이 오비 말뚝 어느 부분을 기준으로 가상의 선을 긋는지를 헷갈려 하는데 오비 말뚝의 코스 안쪽 부분을 기준으로 선을 그어 판단하면 된다.

오비가 나면 1벌타를 받게 되며 한 타를 쳤으니 다시 티 박스에서 치는 샷이 3번째 샷이 되고 오비 특설 티까지 걸어 나가서 치면 4번째 샷이 된다.

04

프로비저널 볼(Provisional Ball)

골프 플레이 과정에서 잘못된 샷으로 인하여 의도하지 않게 골프공이 페널티 구역 밖에서 분실되었거나 아웃 오브 바운즈로 갔을 수도 있는 경우에 시간을 절약하기 위하여 1벌타를 받고 잠정적으로 다른 볼을 플레이할 수가 있다. 그러나 원래의 볼이 페널티 구역으로 들어갔다는 것을 플레이어가 인지한 경우에는 프로비저널 볼이 허용되지 않고 아래에 설명된 페널티 구역 규칙에 따라 경기 진행을 하게 된다. 또한 플레이어는 프로비저널 볼을 사용할 때는 프로비저널 볼을 플레이하겠다고 반드시 선언을 해야 한다. 프로비저널 볼을 치고 원구가 있을 거라고 추정되는 곳으로 가서 볼을 찾게 되는데 볼을 찾는데 허용되는 시간이 3분이다. (볼을 찾기 시작한 시점부터 적용) 3분이 지나면 원구를 찾았어도 그 볼로는 플레이할 수가 없다. 3분 안에 원구를 찾은 경우에는 플레이어는 원래의 볼이 놓인 그대로 플레이하면 되고 원구를 페널티 구역에서 찾은 경우는 그대로 볼을 플레이하던가 플레이할 수가 없다면 페널티 구제를 받으면 된다. 자신의 샷이 살짝 실수가 있었지만 볼은 코스에 있을 것이라 생각되어 프로비저널 볼을 사용하지 않았는데 막상 볼이 있을 거라 생각된 지점에 가서 볼을 찾지 못하는 경우에는 직전의 스트로크를 한 지점에서 1벌타를 받고 다시 플레이를 해야 한다. 그 직전 스트로크 한 곳이 티잉 구역이면 티잉 구역 어디서든지 플레이할 수 있으며 티를 사용할 수 있다. 직전 스트로크 한 곳이 일반 구역이나 페널티 구역, 벙커 등이면 직전의 스트로크 한 지점을 기준점으로 한 클럽 길이의 구제구역을 설정하여 드롭하고 플레이할 수 있다. 직전의 스트로크 한 지점이 퍼팅 그린이라면 직전의 스트로크 한 지점에 플레이스 한다. 그 지점을 정확히 알 수 없는 경우 추정하여 적용한다. 이것이 원칙이며 볼을 분실했다고 분실된 지점 근처에서 볼을 드롭 하여 플레이하면 안 된다.

05

언플레이어블 볼(Unplayable Ball)

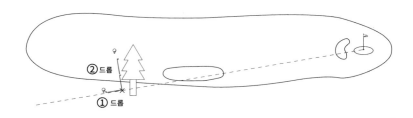

플레이어는 페널티 구역 이외의 코스 어디에서나 언플레이어블 볼 구제를 선언할 수 있다. 플레이어의 볼이 나무 뒤에 있거나 아주 깊은 풀숲이거나 바위 사이에 공이 놓여 있는 경우 등의 이유로 플레이할 수가 없을 때 구제 방법으로 1벌타를 받고 볼이 있던 지점과 홀과의 가상의 기준선을 그어 직후방 지점에 기준점(기준선상 직후방으로 거리 제한 없이)을 잡아 골프티 등으로 표시를 하고 기준점으로부터 한 클럽 이내의 거리에서 드롭 한다. 또 한 가지는 측면 구제 방법으로 원래 볼이 있던 지점을 기준점으로 삼아 홀과 가깝지 않게 2클럽 이내의 거리에서 드롭

한다. 벙커에서의 언플레이어블 볼 구제 방법은 위의 두 가지 방법을 따르나 구제받는 볼이 벙커 안에 놓여야 한다. 또한 1벌타를 받고 직전 스트로크 한 지점에서 구제받을 수 있다. 마지막으로 2벌타를 받고 홀과 볼이 있는 지점에 가상의 기준선을 그어 직후방(거리 제한 없이)으로 기준선에 따라 벙커 밖에서 후방선 구제를 받을 수 있다.

06

도로 위의 볼

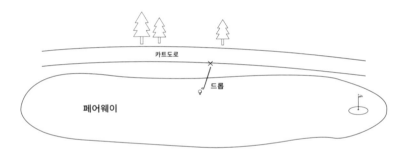

플레이어가 샷을 한 볼이 카트 도로 위에 있을 경우나 볼이 페어웨이에 있지만 샷 동작을 할 때 물리적인 방해를 받게 된다면(예를 들어 어드레스 시 발이 도로에 있을 경우) 벌타 없이 구제를 받을 수가 있다. 그 기준점은 일반 구역에 있는 곳으로 볼이 놓인 곳에서 가장 가까운 완전한 구제 지점이다. 구제 구역의 크기는 기준점에서 홀과 가깝지 않은 한 클럽 길이 이내의 구역이다. 이것은 도로뿐만이 아니라 비정상적인 코스 상태(움직일 수 없는 장애물 포함)에서 적용되는 규칙으로써 동물이 만든 구멍, 수리지, 움직일 수 없는 장애물, 일시적으로 고인 물 등으로 인한 방해로부터 페널티 없이 구제를 할 수가 있다.

07

페널티 구역 1

1. 노란 페널티 구역

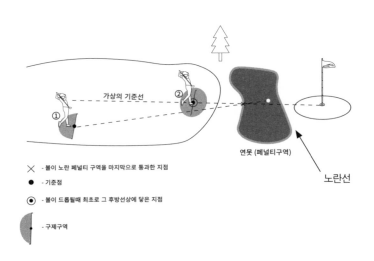

가상의 기준선

연못 (페널티구역)

노란선

$\times$ - 볼이 노란 페널티 구역을 마지막으로 통과한 지점

● - 기준점

◉ - 볼이 드롭될때 최초로 그 후방선상에 닿은 지점

◖ - 구제구역

앞서 말했듯이 2019년 골프 룰 개정으로 인하여 해저드라는 표현이
없어지고 페널티 구역으로 바뀌었다. 페널티 구역은 노란 페널티 구역

과 빨간 페널티 구역으로 나뉜다. 먼저 노란 페널티 구역에서의 구제 방법들을 살펴보면 다음과 같다.

- 플레이어는 페널티 구역에 있는 볼을 벌타 없이 놓인 그대로 플레이할 수 있다.
- 직전에 샷을 한 곳인 그림 ①번에서 1벌타를 받고 다시 그 자리에서 샷 할 수가 있다.
- 그림 ②번에서 1벌타를 받고 거꾸로 홀로부터 노란 페널티 구역의 경계를 마지막으로 넘어간 것으로 추정되는 지점을 지나는 직후방의 가상의 기준선을 따라 정해지는 구제 구역에서 볼을 드롭하고 다음 샷을 할 수가 있다. 이때는 다음의 내용을 충족해야 한다.
- 기준점 선택: 볼이 넘어간 추정된 지점보다 홀로부터 더 멀리 있는 가상의 기준선상의 지점(기준선상의 후방으로 거리 제한 없이)으로서 플레이어가 선택한 코스상의 한 지점. 기준점을 선택할 때는 어떤 물체(예-골프티)를 사용하여 그 지점을 표시하여야 한다.
- 구제 구역의 크기: 골프티로 표시한 기준점으로부터 홀에 가깝지 않은 한 클럽 길이에 또 다른 골프티를 꽂고 그 안에서 볼을 드롭 하여 다음 샷을 할 수 있다.

08

페널티 구역 2

1. 빨간 페널티 구역

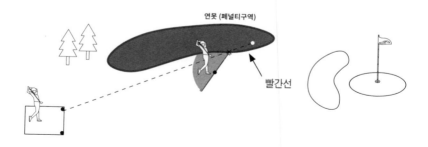

연못 (페널티구역)

빨간선

빨간 페널티 구역의 구제 방법으로는 노란 페널티 구역의 구제 방법을 포함하고 한 가지가 더 있다. 이것은 측면 구제 방법으로 이것도 1벌타를 받고 볼이 빨간 페널티 구역의 경계를 마지막으로 통과한 것으로 추정되는 지점이 기준점이 되어 그 기준점에서 홀과 가깝지 않는 곳으로 2클럽 이내의 구역에서 드롭 하여 다음 샷을 하면 된다.

그러나 우리나라 골프장에는 원활한 경기 운영을 위해 골프장마다 로컬 룰로 특설 티를 만들어서 운영하고 있다. 티샷에서 오비가 나면 일명 오비 티라고 불리는 특설 티에서 샷을 하는데 그 샷이 네 번째 샷이 된다. 보통 흰색 공으로 양쪽에 표시해 놓는다. 마찬가지로 페널티 구역(예전에는 해저드)으로 볼이 들어가면 페널티 특설 티(예전에는 해저드 티)에서 샷을 하는데 그 샷이 세 번째 샷이 된다. 보통 빨간 공으로 양쪽에 표시해 놓는다. 페널티 구역은 연못이 될 수도 있고 화단이 될 수도 있다. 해당 골프장에서 빨간색으로 표시해 놓으면 빨간 페널티 구역이고 노란색으로 표시해 놓으면 노란 페널티 구역이다.

09

벙커

벙커는 페어웨이 지면에서 움푹 패인 지형으로 보통 모래로 이루어져 있다. 벙커에서 샷을 하기 전에 모래의 특성을 알아보기 위해 어드레스 도중에 클럽으로 모래를 헤쳐 보든지 연습스윙 하면서 모래를 쳐 보든

가 백스윙을 하면서 모래를 터치하는 등의 행위를 하면 2벌타이다. 다만 플레이에 영향을 주지 않는 범위 내에서는 모래에 닿아도 무벌타이다. 벙커 안의 루스 임페디먼트(loose impediment)는 자연물을 말하는 것으로 낙엽이나 나뭇가지, 돌 등을 말하는데 예전에는 루스 임페디먼트가 벙커 안에 있을 경우 건드리면 2벌타를 받았으나 현재는 루스 임페디먼트를 건드리거나 치워도 무벌타이다.

벙커는 페어웨이의 중간 정도에 위치해 있는 페어웨이 벙커(크로스 벙커)와 페어웨이 양옆 쪽에 있는 사이드 벙커 그리고 그린 주변에 있는 그린 벙커가 있다.

페어웨이 벙커와 사이드 벙커에 공이 들어갔을 때는 홀컵까지의 거리가 많이 남아 있기 때문에 골프 클럽으로 공을 직접 맞춰서 걸어 내듯 스윙을 하지만 그린 벙커에 공이 들어갔을 때는 골프 클럽이 공의 뒷부분인 모래를 파고들어 모래의 폭발력에 의해 공이 벙커에서 탈출하게 되는 것이다. 물론 페어웨이 벙커나 사이드 벙커에서도 상황이 좋지 않을 경우에는 그린 벙커에 놓인 공처럼 샷을 하여 페어웨이로 안전하게 탈출할 수도 있다.

10

퍼팅 그린

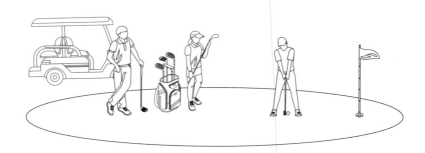

퍼팅 그린은 지면을 따라 볼을 플레이하도록 특별하게 조성된 구역이며 각 퍼팅 그린에는 홀과 깃대가 있다. 퍼팅 그린에는 다른 코스의 구역에 적용되는 규칙과는 다른 규칙이 적용된다. 그린은 골퍼들이 계속적으로 사용하는 곳이기 때문에 잔디의 매끄러운 상태를 계속 유지하기가 쉽지 않다. 퍼팅 그린에 볼이 올라가면 플레이어는 볼마커(볼이 있던 지점을 표시하기 위한 동전처럼 생긴 물건)를 볼 뒤에 두고 볼을 집어 올릴 수가 있으며 집어 올린 공은 흙이나 오물 등을 닦을 수가 있다. 골퍼가 볼이 놓인 자리에서 홀컵에 볼을 넣기 위해 퍼딩 라인을 살피고 나면 원래 볼이 있던 볼마커 앞에 볼을 리플레이스(원래의 위치에 가져다 놓는 것)하고 볼마커는 집어 올리고 퍼팅을 하게 된다. 이 동작은 볼이 홀에 들어갈 때까지 이어지며 볼이 홀에 들어가면 그 홀은 홀 아웃을 하게 된다. 퍼팅 라인을 읽을 때 자신의 볼이 홀까지 굴러가는 데 있어서 장애가 될 수 있는 골프화 자국 등과 같은 퍼팅 그린의 손상을 수리하거나 모래나 흙 등을 제거할 수가 있다.

퍼팅 그린에서 뛰어다니면 골프화의 스파이크로 인해 그린이 망가져서 다른 동반자에게 피해를 주게 된다. 또한 동반자의 예상되는 퍼팅 라인을 밟아서는 안 되며, 동반자가 퍼팅 그린을 읽고 있는 경우 방해가 되지 않게 동반자의 뒤쪽으로 비켜서 이동하는 것이 퍼팅 그린에서의 에티켓이다. 동반자가 퍼팅을 할 때 퍼팅 라인에 본인의 그림자가 비치면 퍼팅에 방해가 되기 때문에 본인의 그림자도 조심해야 한다. 볼이 그린에 올라오면 볼 뒤에 볼마커를 두고 볼을 집어 올린 다음 볼이 떨어질 때 생기는 피치마크를 수리하는데 본인의 피치마크는 본인이 수리하기를 권장한다. 그린 수리하는 방법은 그린 보수기 편에서 설명을 했기 때문에 여기서는 생략하겠다. 그린에서도 볼이 먼 거리에 있는 골퍼부터 퍼팅을 하는 것이 기본이기 때문에 먼 거리에 자신의 볼이 있다면 경기 운영에 지장을 주지 않을 정도로 퍼팅을 해야 할 것이다. 홀에 꽂혀 있는 깃대는 그 상태로 퍼팅을 해도 되고 깃대를 빼고 퍼팅을 해도 된다. 앞장에서 깃대에 대한 설명이 있으니 생략하기로 한다.

11

다음 홀로 이동 중

전 홀에서 홀 아웃을 하면 카트를 타고 다음 홀로 이동을 하게 된다. 이때 캐디가 스코어 카드를 적는데 본인들의 타수를 동반자가 확인해 주는 마커(스코어 확인자: 동반자 둘씩 조를 이루어 서로 스코어를 정확히 알려 주는 것이 좋다)가 될 수 있다. 캐디가 스코어 카드를 적는다고 해도 앞 장에서 말했듯이 야디지 북과 함께 스코어 카드도 본인이 직접 정확히 기재하면서 본인의 실력을 가늠하고 좀 더 발전할 수 있도록 노력해야 한다. 이동 중에는 이렇게 스코어 카드도 기재하고 야디지 북도 보면서 다음 홀을 어떻게 공략을 해야 좋을지 생각을 해 둬야 한다. 고수 단계에 이르면 농담도 주고받고 전 홀에 대한 평가도 하며 다음 홀에 대한 공략도 대략적으로 세운 후, 다음 홀로 도착하여 해당 홀의 페어웨이를 바라보면서 바람과 지형, 환경 등 여러 요소를 종합적으로 파악하고 최종적으로 공략을 하게 된다.

12

그늘집 사용

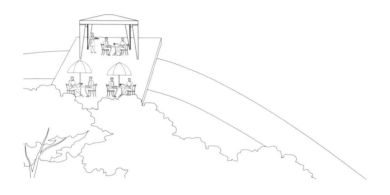

    그늘집은 골프장에서 운영하는 조그만 식당 휴게실을 말하는데 각종 음식과 음료, 술 등을 판매하고 있다. 골프장마다 다르지만 요즘은 클럽 하우스 내에 있는 식당에서만 주로 식사를 하는 편이다. 시중보다 음식 가격이 거의 두 배 정도로 비싼 곳도 있지만 보통은 1.5배 정도 비싼 편 이다. 골프장 대부분에서 음식물 반입은 금지로 되어 있으나 간단한 샌 드위치나 음료는 무방하다. 어느 골프장 가면 무엇을 먹어야 하고 어디 는 뭐가 유명하다는 등 골프장에 따라서 맛집도 많이 있다. 흔히 나인 홀 중간에 하나씩 그늘집이 있고 클럽하우스에도 식당이 있으니 18홀을 즐기는 동안 휴게실이 3군데가 있고 화장실 또한 3군데가 있다. 요즘은 그늘집은 운영을 안 하고 화장실만 사용하는 곳도 많이 있다. 클럽하우스나 그늘집에 들어갈 때는 골프화에 붙어 있는 잔디나 흙, 오물 등을 털어낸 뒤 들어가는 것이 에티켓이다. 그늘집이나 클럽하우스의 식당을 이용할 때는 경기 운영에 따라 캐디가 여유 시간을 알려 주면 그 시간에 맞춰 음식 종류도 미리 주문하고 음식도 시간에 맞춰 취식을 해야 경기를 차질 없이 진행할 수 있다. 그늘집이나 클럽하우스에 있는 식당에서 식사나 음료수를 살 때는 동반자 중 한 명의 락카룸 번호만 말하면 된다. 골프 경기가 끝나고 클럽하우스 카운터에서 한꺼번에 정산하면 되는데 이것도 동반자들이 같이 취식하므로 1/N 해 달라고 하면 자동으로 본인의 그린피 및 카트비 그리고 식사 값 등 모두를 1/N로 계산해 준다.

13

게임이 끝나고

골프 경기는 18홀을 마지막으로 경기가 끝나게 되는데 마지막 18홀에서 마지막 골퍼가 홀 아웃을 하게 되면 경기가 종료된다. 이렇게 골프 경기가 종료되면 카트를 타고 클럽하우스 뒤편의 골프 경기 시작 전 장소로 이동하게 되는데 이동하면서 마지막으로 18홀 점수를 스코어 카드에 기재하면 최종 점수가 나오게 된다. 스코어 카드는 캐디가 스마트폰으로 전송해 줄 수도 있고 클럽하우스에 가서 본인의 점수가 적힌 스코어 카드를 자동 기계에서 뽑을 수도 있다.

보통 카트 대기 장소에 오면 캐디피를 현찰로 주게 되는데 이것도 1/N로 내기 때문에 한 사람이 먼저 주든 걷어서 주든 알아서 하면 된다. 현재 국내 골프장에도 캐디피를 카드 결제로 하는 곳이 늘고 있으며 캐디가 직접 PG단말기를 이용하여 카드 결제를 하는 곳도 있다. 또한 캐디는 골퍼들에게 본인들의 골프 클럽이 맞는지 확인시켜 주고 확인 사인을 받는데 보통은 확인을 안 하고 사인을 한다. 그러나 필자는 동반자들과 클럽이 바뀐 적이 두 번이나 있어서 항상 확인을 한다. 주차장으로 이동을 하여 골퍼들의 자동차에 골프클럽을 실어 준 뒤 클럽하우스로 이동한다. 자신의 자동차 키는 본인이 가지고 있어야 본인의 골프 클럽을 자신의 자동차에 실을 수가 있는데 가끔 본인의 자동차 키를 클럽하우스에 두고 오는 경우가 있다. 자동차 키는 잊지 말고 본인이 소지하여야 한다. 클럽하우스에 오면 락카룸 안에 목욕 시설에서 샤워를 하고 옷을 갈아입고 로비로 나오면 된다. 클럽하우스 카운터에서 본인의 락카 번호를 말하면 본인의 그린피와 전동카 비용, 그늘집 이용 비용을 1/N로 정산해 준다.

　마지막으로 귀가하면서 골프 경기에서 자신이 아쉬웠던 부분들을 상기하고 자신이 부족했던 부분도 생각하면서 어떤 쪽을 더 연습하고 보완해야 하는 샷은 무엇인지 머릿속에 그려 가면서 정리를 해 본다. 집에 도착해서 야디지 북에 첨삭해 놓고 나중에 연습장에서 그대로 연습을 진행하면 한 발 한 발 싱글로 가고 있는 자신을 발견할 것이다.

Chapter 3

골프
스윙

많은 비기너들이 스윙의 기본을 이해하기도 전에
스코어를 따지려 든다. 이것은 걷기도 전에 뛰려는 것과 같다.

- 잭 니클라우스 -

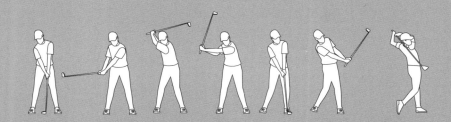

01

골프 스윙의 이해

　골프 스윙은 척추를 중심으로 원심력을 이용한 원형 운동이다. 골프 공을 발 앞쪽에 놓고 골프 클럽을 원을 그리며 위로 올렸다가 다시 반대 편으로 원을 그리며 올리는 동작으로 인해 골프공이 앞으로 날아가게 되는 것이 골프 스윙의 기본인 것이다. 원 운동을 하려면 중심축이 있어야 하는데 그 중심축이 척추에 해당된다. 척추는 목까지 연결되어 있기 때문에 얼굴과 척추가 원운동을 할 때 가급적이면 움직이지 않고 중심 축의 역할을 해야 한다. 또한 골프 스윙은 골프 클럽으로 골프공을 때리며 스윙하는 것이 아니라 골프 스윙 단계에서 자연스럽게 골프공이 골프 클럽에 맞아 자동으로 앞으로 날아가는 것이라 이해를 하면서 스윙 연습을 해야 올바른 스윙 자세를 배울 수가 있다. 골프 스윙을 너무 어렵게 생각해서 어드레스(준비 자세) 때부터 몸이 경직되어 있고 팔과 어깨에 힘이 들어가 있으면 백스윙할 때도 어렵고 스윙 자체가 부자연스러울 것이다. 골프 스윙에 대해 과도하게 긴장하거나 어렵게 생각하지 말고, 가벼운 마음가짐으로 한 단계 한 단계 차분히 올라가야 어렵지 않게 스윙을 완성할 수가 있다.

 앞에서 말했듯이 골프 스윙은 척추를 중심으로 원심력을 이용한 운동이지만 백스윙할 때나 다운스윙 시 골반과 척추는 수평운동을 하고 손과 팔은 수직운동을 하며 원을 그린다. 결국은 수평운동과 수직운동을 리듬에 맞춰 움직여야 자연스러운 원운동이 만들어지는 것이다. 이렇게 골프 스윙은 리듬이 중요한데 이 리듬을 잘 맞추려면 공을 치는 연습보다는 빈 스윙으로 연습하는 것이 훨씬 효과적이다. 욕심을 부리고 공을 멀리 보내려고 연습하기보다는 빈 스윙을 연습하여 아름다운 스윙을 만들려고 노력하는 것이 싱글로 가는 지름길임을 명심하기 바란다.

02

골프 그립

골프 그립은 골프 클럽을 잡는 방법으로 몇 번을 강조해도 지나치지 않을 정도로 중요하며 골프의 테크닉에 크나큰 영향을 미친다. 프로 선수들도 시합에 나가서 미스 샷이 나오면 그립을 점검할 정도니 그립이 얼마나 중요한지 느껴질 것이다.

그립의 종류에는 오버래핑 그립(Overlaping grip)과 인터로킹 그립(Interlocking grip) 그리고 베이스볼 그립(Baseball grip)이 있다. 그 외에도 오른손과 왼손의 위치에 따라 뉴트럴 그립(Neutral)과 약한 그립인 위크 그립(Weak), 강한 그립인 스트롱 그립(Strong) 등이 있다. 그립도 본인의 신체와 스윙 특성에 따라 변할 수가 있으나 90% 이상의 골퍼들이 사용하는 그립은 오버래핑 그립이다. 여기서도 오버래핑 그립만을 다루도록 하겠다. 처음 골프를 배울 때 오버래핑 그립을 배워서 연습하고 초보자를 벗어날 때 본인의 그립에 대해 고민해 보길 바란다.

1. 오버래핑 그립

오버래핑 그립(그립 잡는 방법)으로 가장 많이 선호하는 뉴트럴 그립(오른손과 왼손의 위치에 따라)에 대해 다루도록 하겠다.

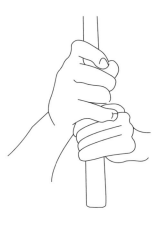

그립은 왼손부터 잡는데 그립의 중심에서 왼 손바닥을 11시 방향으로 위에서 아래쪽으로 내려 잡으며 중지와 약지와 소지 위주로 잡고 검지와 엄지는 살짝 올려놓고 엄지를 살짝 당겨 잡는다. 이때 엄지와 검지가 만나는 V자 형태의 선이 오른쪽 어깨의 바깥쪽을 가리키고 있으면 된다. 오른손은 3시 방향에서 왼손 엄지를 감싸며 악수하듯 잡는다. 이때 오른손 새끼손가락은 왼손의 검지와 중지 사이에 올려 잡고 오른손 검지는 오른손 중지와 살짝 띄워서 방아쇠 당기듯이 잡으며 엄지는 검지의 끝과 맞닿게 잡는다. 손가락이 짧아서 맞닿지가 않으면 안 닿는 위치까지 그냥 잡으면 된다. 왼손과 같이 오른손 V자 형태의 선이 오른쪽 어깨의 중간 정도를 가리키고 있으면 된다. 흔히 골프 스윙을 배울 때는 보통 7단계로 나누어 골프 스윙을 배우게 되는데 처음 배울 때 너무 몸이 경직되게 되면 골프 배우기가 어려워지므로 최대한 힘을 빼고 가르쳐 준 자세를 부드럽게 움직이며 연습하려고 노력해야 한다.

03

골프 스윙 1단계 어드레스(Address)

어드레스는 골프를 치기 위한 기본자세로서 자신의 어깨 넓이 정도의 자세에서 편안한 스탠스(발을 벌린 상태)를 취한다. 스탠스의 종류에는 양발이 11자로 똑바로 놓인 상태인 스퀘어 스탠스, 11자에서 왼발을 약간 뒤로 뺀 오픈 스탠스, 11자에서 오른발을 약간 뒤로 뺀 클로즈 스탠스가 있는데 어떤 스탠스라도 어깨와 허리의 라인은 공이 날아가는 방향과 일자가 되어야 한다.

골프 샷의 종류에 따라 스탠스를 달리하는데 처음 골프를 배울 때에는 스퀘어 자세에서 양발 끝을 5도 정도만 살짝 벌려서 서는 것이 몸의 회전을 원활하게 함으로써 보다 편하게 스윙을 배울 수가 있다. 골프를 배울 때는 보통 미들 아이언(Middle iron)인 7번 클럽으로 배우게 된다. 7번 클럽은 골프 클럽 중 중간 길이의 클럽으로 7번 아이언을 칠 때 골프공의 위치가 양발의 가운데에 두고 치기 때문에 기초 스윙을 배울 때 유용하기 때문이다.

어드레스 자세는 편하게 어깨 넓이로 선 상태에서 허리를 앞으로 숙이면서 엉덩이를 의자에 앉듯이 살짝 뒤로 밀면 무릎도 살짝 구부러지게 될 것이다. 그러면 상체도 앞으로 숙여지는 상태가 되는데 이 자세에서 척추를 경직되지 않고 부드럽게 목 부분까지 일자로 펴 주면 된다. 몸이 경직되면 허리에 너무 힘이 들어가서 허리 부분이 오목하게 들어가게 된다. 이럴 경우 허리에 무리를 줄 수가 있다. 양손은 클럽을 잡아 클럽헤드를 볼 뒤에 내려놓고 클럽은 왼손과 왼쪽 어깨선까지 일자로 놓이게 하면 양손의 위치는 왼쪽 허벅지 안쪽 앞에 위치하게 된다. 이때 양손은 왼쪽 허벅지 안쪽에서 주먹 하나 반 정도(드라이버는 주먹 두 개 정도이다)띄어서 위치하면 된다. 또한 오른손이 그립의 밑 부분을 잡게 되므로 오른쪽 어깨는 왼쪽 어깨보다 조금 내려오게 된다.

04

골프 스윙 2단계 테이크 백(Take Back)

테이크 백은 백스윙의 일환으로서 어드레스에서 백스윙을 시작하여 클럽 헤드를 몸 옆으로 가져가는 동작을 말하는데 이때 양 겨드랑이를 살짝 조여 주고 클럽 헤드가 먼저 오른쪽 방향으로 일자로 출발을 하여 클럽의 샤프트가 지면과 평행이 될 때까지 지면에 낮게 길게 뻗어 준다.

클럽 샤프트가 지면과 평행이 되면 클럽 페이스는 척추 각과 동일하게 살짝 닫혀 있어야 한다. 양쪽 겨드랑이가 떨어지면 안 되며 오른 팔꿈치는 클럽의 샤프트가 지면과 평행이 되는 과정에서 자연스럽게 살짝 구부리게 된다.

05

골프 스윙 3단계 탑 오브 스윙(Top of Swing)

탑 오브 스윙도 백스윙 동작으로 클럽 헤드가 어드레스에서 테이크 백을 지나 백스윙의 최고점에 이른 상태를 말한다. 테이크 백에서 몸이 최대한 회전하고 손목 코킹(왼손목이 엄지손가락 쪽으로 꺾이는 동작)과 힌지(오른 손목이 손등 쪽으로 꺾이는 동작)가 이루어진 상태이다. 이때 주의해야 할 점은 양쪽 겨드랑이를 살짝 조여 준 상태가 유지되어야 한다. 왼쪽 어깨는 오른발 앞쪽까지 회전을 해 주고 몸이 스웨이

(Sway: 축이 움직여 밀리는 상태)되지 않고 회전되도록 오른발을 잡아 줘야 한다.

06

골프 스윙 4단계 다운 스윙(Down Swing)

백스윙 탑에서 다운 스윙이 시작되는데 다운 스윙은 백스윙의 역순으로 스윙이 이루어진다고 생각하면 된다. 상체나 팔 동작이 먼저 이루어지는 것이 아니라 반드시 하체가 먼저 회전하면서 리드를 하고 상체는 하체의 리드에 의해 움직여져야 하며 클럽헤드가 나를 기준으로 3시 반에서 9시 반 방향으로(in to out) 스윙이 이루어져야 한다. 이때 몸에 힘이 들어가면 안 되고 힘을 최대한 뺀 상태에서 스윙 연습을 해야  한다. 몸에 힘이 들어가면 볼을 맞추기 위해 오른쪽 어깨가 덮여서 스윙하게 되므로 클럽 헤드가 2시 반에서 8시 반 방향으로(out to in) 들어가게 된다. 이러한 현상으로 볼은 좌측으로 가든지, 혹은 볼이 헤드에 깎여 맞아 스핀이 심하게 발생하여 우측 방향으로 볼이 휘게 된다.

클럽 패스의 궤도는 in to in 스윙으로 스트레이트성 구질을 구사하는 것이 정설이지만 필자는 심하지 않은 in to out 스윙이 맞다고 생각한다. 정확히 in to in 스윙을 계속적이면서 반복적으로 치기는 힘들지만 in to out 스윙으로 드로우 구질을 반복적으로 구사하는 것이 좋다고 생각하기 때문이다. 물론 상황에 따라 out to in 스윙으로 필요에 따라 페이드 구질을 구사할 때도 있겠지만 기본 스윙은 안전한 드로우 구질을 권장하는 바이다. 또한 필자는 아름다운 스윙을 강조하는데 이것은 스윙 폼이 멋있기보다는 잘못된 스윙은 척추에 무리를 주기 때문이다.

필자는 독자분들이 이런 것을 미연에 방지해 아름다운 스윙으로 건강하고 즐거운 골프를 하길 바란다.

07

골프 스윙 5단계 임팩트(Impact)

임팩트는 클럽의 헤드가 볼을 치는 순간을 말하는데 다운스윙이 잘 진행된다면 임팩트는 자연스럽게 이루어지고 볼을 기준으로 클럽 헤드보다 손이 앞쪽으로 나가서 볼을 밑에서 눌러 치듯 스윙을 해야 임팩트가 더 좋아지고 비거리(볼이 날아간 거리+굴러간 거리)도 늘어난다. 이러한 동작을 포워드 프레스(Forward Press)라고 하는데 핸드 퍼스트라고도 한다. 또한 백스윙을 할 때나 다운 스윙을 할 때 허리 쪽이 어느 쪽으로든 스웨이(옆으로 밀리는 현상) 되지 않고 회전을 한다는 것을 생각하며 스윙 연습을 해야 한다. 이때 중요한 것은 공을 끝까지 바라봐야 한다는 점이다. 공을 끝까지 안 보고 미리 머리를 들면(헤드 업) 상체도 일어나게 되어 미스 샷이 발생하게 되는데 아마추어들이 가장 많이 하는 실수 중 하나이다. 절대 헤드 업을 해서는 안 된다.

08

골프 스윙 6단계 팔로 스루(Follow Through)

임팩트가 잘 진행된다면 팔로 스루도 자연스럽게 이루어지며 임팩트가 지나면서 바로 릴리즈(release: 오른손이 왼손위로 롤 오버되는 동작)가 이루어지는데 몸에 힘을 주어서 스윙을 하면 이 동작이 느리면 슬라이스(볼이 오른쪽으로 휘어져서 날아가는 것)가 나고 릴리즈가 빠르게 이루어지면 훅(볼이 왼쪽으로 휘어져서 날아가는 것)이 발생하  게 된다. 임팩트에서 팔로 스루 동작을 연결할 때 릴리즈가 되면서 양 겨드랑이는 붙이고 손을 앞으로 끝까지 던져 주면서 스윙을 하면 자연스러운 릴리즈의 감각을 쉽게 느낄 수가 있다. 많은 골프 교습가들이 릴리즈에 대한 여러 가지 방법들을 제시하지만 필자는 힘을 빼고 올바른 스윙을 하면 릴리즈는 해 줘야만 하는 동작이 아니라 자연스럽게 이루어진다고 말하고 싶다.

09

골프 스윙 7단계 피니쉬(Finish)

골프 스윙의 마지막 단계인 피니쉬 동작은 팔로 스루를 지나서 양 팔꿈치가 자연스럽게 접히면서 체중 이동이 끝나는 동작으로 피니쉬 동작 시 체중은 왼발 뒤꿈치 바깥쪽에 90%를 두고 오른발에는 10%를 두게 된다. 이때 오른쪽 어깨는 목표 지점을 가리키고 오른쪽 무릎은 왼 무릎 안쪽에 붙여 준다. 풀 스윙을 연습할 때는 피니쉬 동작에서 3초 정도 멈추어 자세를 잡고 있어야 골프 스윙이 좋아지고 자세도 아름답게 만들어진다.

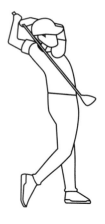

10

코킹과 힌지

골프 스윙에 있어 중요한 포인트가 코킹 동작과 힌지이다. 하프 스윙에서 클럽을 백 스윙 탑까지 가져가려면 코킹과 힌지 동작이 이루어지는데 이때 아마추어 골퍼들이 잘못된 코킹과 힌지 동작으로 인해 부자연스러운 스윙 동작을 하게 됨으로써 미스 샷을 유발할 수가 있는 것이다. 오른손 잡이일 경우 왼손의 손목을 꺾는 동작을 코킹이라고 하는데 올바른 코킹 동작은 왼 손목을 엄지 손가락 쪽으로 일자로 꺾어 주는 것이며 힌지는  코킹 시 오른 손목이 손등 쪽으로 꺾이는 동작으로 오른손 위에 쟁반을 약간 비스듬하게 받치고 있다는 느낌으로 꺾어 주는 것이다. 이렇게 올바른 코킹 동작을 하면 그림에서와 같이 왼 손등과 왼팔이 수평을 이루게 된다.

견고한 백 스윙을 만들어야 올바른 다운 스윙을 하게 되며 볼의 방향성과 비거리도 늘어나게 되므로 거울을 옆에 놓고 꾸준히 올바른 코킹과 힌지 동작을 연습해야 한다.

코킹을 올바르게 하면 그림처럼 오른 팔꿈치가 지면을 향하게 되는데 아마추어 골퍼들은 오른 팔꿈치를 위로 들어 올리는 동작을 함으로서 많은 미스 샷을 유발하기도 한다.

11

레깅과 릴리즈

　레깅이란 위에서 언급한 코킹과 힌지의 동작을 다운 스윙 시 최대한 유지하는 것인데 아마추어 골퍼들이 숙달하기 어렵게 생각하는 동작이 바로 레깅이다. 우리가 흔히 레깅 동작을 설명하다 보면 망치질이나 도끼질을 많이 비유를 하는데 도끼로 장작을 팰 때 도끼를 등 뒤로 올리면 손목도 뒤로 꺾이게 되는데 장작을 팰 때 손목을 언제 풀면서 도끼질을

해야 도끼에 최대한의 스피드가 붙겠나 생각을 해 보자.

- 도끼가 등 뒤에 있을 때 손목을 풀면서 내려친다.
- 도끼가 등을 넘어올 때 손목을 풀면서 내려친다.
- 도끼가 등을 넘어왔을 때 손목을 풀면서 내려친다.
- 도끼가 통나무에 닿기 바로 전에 손목과 팔꿈치를 같이 풀면서 내려친다.

　독자분들 스스로가 상상을 하면서 몇 번째가 가장 도끼의 스피드를 높일 수 있나 생각해 보시길 바란다. 물론 필자는 네 번째라고 생각을 한다. 첫 번째와 두 번째 동작은 손에 힘이 많이 들어가서 손목이 너무 일찍 풀어지는데 이러한 동작을 캐스팅이라고 한다. 두 번째와 세 번째 동작은 일반 아마추어가 제일 많이 하고 있는 동작이 아닐까 싶다.
　도끼질은 수직운동이지만 골프 스윙은 수직과 수평운동이 같이 병행이 되어야만 되기 때문에 많은 골퍼들이 골프 스윙을 어려워하고 있다. 하지만 이러한 원리를 알고 스윙 연습을 하면 한결 골프 스윙이 쉬워질 것이다. 골프 스윙은 백 스윙에서 다운 스윙을 할 때 몸은 척추를 기준으로 골반과 함께 목표 방향으로 회전하면서 수평운동을 해 주고 팔과 손목은 코킹을 유지하면서 도끼질처럼 수직운동을 하면 골프 스윙이 이루어지는 것이다. 이렇게 수평과 수직운동을 리듬에 맞게 스윙 연습을 하여 자신의 스윙 폼을 완성하게 된다. 릴리즈란 이렇게 유지한 코킹 동작을 풀어 주는 것으로서 힘을 빼고 스윙을 하면 자연스럽게 이루어지는 동작인데 이 동작을 억지로 만들려고 손목을 과도하게 사용하게 되면 볼도 일관성 있게 날아가지도 않지만 실력도 늘지 않고 스윙 자세도 흐트러 놓게 된다. 필자가 계속해서 강조하는 것은 골프 스윙은 힘을 주지 않고 자연스럽게 이루어져야 한다는 것이다. 이 동작이 완성이 되면 비거리 또한 자연스럽게 늘어나게 된다. 비거리가 짧은 분들은 앞의 내용대로 하고 있는지를 점검하시길 바란다.

12

볼 포지션

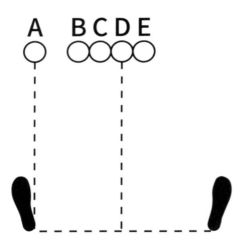

A. 드라이버 볼 포지션

B. 3번 아이언, 페어웨이 우드, 유틸리티 볼 포지션

C. 5번 아이언 볼 포지션

D. 7번 아이언 볼 포지션

E. 9번 아이언, 웨지 볼 포지션

위의 그림과 같이 스탠스를 취했을 때 양발을 기준으로 가운데에 위치한 볼 포지션은 7번 아이언의 포지션이다. 그래서 처음 골프를 접하게 되면 미들 아이언인 7번 아이언으로 배우게 되는 것이며 양발의 한가운데에 공을 놓고 연습을 하게 되는 것이다. 그리고 B와 C사이가 4번 아이언 포지션이고 C와 D 사이가 6번 아이언의 포지션이고 D와 E 사이가 8번 아이언의 포지션이다. 골프 클럽이 이처럼 볼 포지션이 다른 것은 짧은 클럽일수록 다운블로우(클럽 헤드가 위에서 아래로 내려가면서 볼을 치는 궤도)로 샷을 하여 많은 스핀을 발생하기 위함이며 드라이버는 볼 포지션을 왼쪽에 두는 것은 어퍼블로우(클럽 헤드가 최저점에서 위로 올라가면서 볼을 치는 궤도)로 클럽이 올라가면서 샷을 하기 때문에 왼쪽에 볼을 두는 것이다. 또한 골프 스윙의 기술적인 면에서 스윙의 아크가 골프 클럽의 길이에 따라서 최저점의 위치가 조금씩 다르기 때문이다. 미들 아이언(5, 6, 7번 아이언)도 다운 블로로 샷을 하지만 스핀량이 숏 아이언보다는 적게 발생한다.

이처럼 기본적인 볼 포지션에 대해 언급을 하였지만 볼 포지션을 바탕으로 연습을 하다 보면 자신에게 맞는 볼 포지션을 구축하게 된다. 프로 선수들도 미들 아이언으로 샷을 할 때 볼 위치를 왼편으로 더 옮기고 샷을 하는 선수도 많이 있다. 드라이버의 경우에도 볼을 티업을 했을 때 볼의 높이가 드라이버를 지면에 내려놓았을 때 클럽헤드의 윗부분에 공이 절반 정도의 높이에 위치해서 티업 하는 것이 보통인데 그보다 높게 티업을 하거나 그보다 낮게 티업을 하는 등 선수 자신의 스윙 스타일과 또한 상황에 따라 전략적으로 안전하게 스윙 하려는 등 여러 가지 이유에서 자신만의 볼 포지션과 볼 높이를 만들어 내고 있다.

13

골프 클럽

1. 아이언 골프 클럽의 명칭

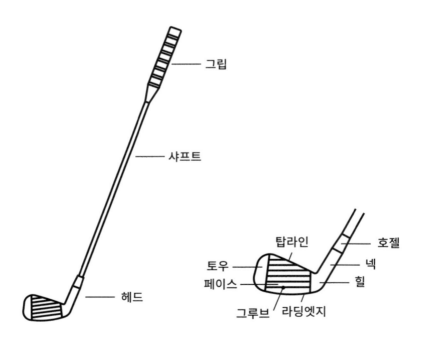

- 그립
- 샤프트
- 헤드
- 탑라인
- 호젤
- 토우
- 넥
- 페이스
- 힐
- 그루브
- 라딩엣지

2. 아이언

그림과 같이 골프 클럽은 전체적으로 헤드와 샤프트 그리고 그립으로 나뉜다. 헤드의 앞부분을 토우라고 하고 뒷부분을 힐이라고 한다. 그루브는 페이스 면에 줄 모양으로 살짝 안으로 홈이 파여 있는데 이것은 골프 스윙 시 공에 스핀을 주기 위해 만든 것이다.

리딩엣지는 골프 스윙 시 목표 방향으로 일자로 놓고 어드레스를 해야 하는데 아마추어 중에서 탑 라인을 일자로 놓고 어드레스를 하는 분들을 가끔 보게 된다.

이 외에도 어드레스를 자세를 취할 때 리딩엣지가 지면에 똑바로 안 닿고 토우 부분이 살짝 올라가게 어드레스를 하면 훅이 발생하고 반대로 힐 부분이 살짝 올라가게 어드레스를 하면 슬라이스가 발생을 한다. 항상 리딩엣지를 목표 방향으로 바닥에 잘 맞닿게 하여 어드레스 자세를 잘 취해야 한다.

▶ 아이언 뒷면

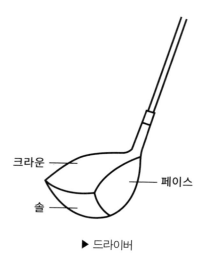

크라운

페이스

솔

▶ 드라이버

　드라이버는 그림에서 보는 것과 같이 아이언과는 다른 크라운이 있다. 드라이버는 고가이기도 하지만 이 부분은 드라이버의 헤드 부분 중 가장 약한 곳이기에 조심해서 관리해 줘야 한다.

　골프 스윙을 하다가 솔 부분이 연습장 바닥에 닿게 되면 흠집이 날 수도 있고 또한 크라운 부분과 페이스 면 사이에 볼이 맞으면 스크래치가 날 수도 있기 때문에 민감한 골퍼들은 초보자에게는 본인의 골프 클럽을 사용하지 못하게 한다.

3. 로프트 각과 라이 각

　아이언과 드라이버의 로프트 각을 측정하는 방법은 조금 다르며 로프트 각은 클럽페이스가 누워 있는 각도를 말한다. 로프트 각은 거리와 스핀량에 영향을 많이 미친다.

라이 각은 헤드가 지면에 누워 있을 때 샤프트의 라인과 지면 사이의 각도를 말하는데 볼의 방향성과 구질에 영향을 미친다.

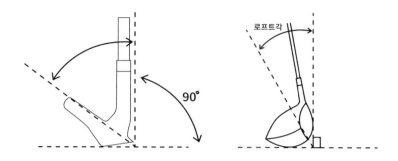

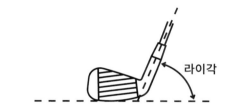

▶ **라이 각**

라이 각	방향성	구질	탄도
높을 때	좌측	페이드	높다
적당	스트레이트	스트레이트	적당
낮을 때	우측	드로우	낮다

▶ **로프트 각**

클럽	로프트 각(도)	비거리가 길다	탄도가 높다
드라이버	10.5		
페어웨이 우드	15		
유틸리티	18		
3번 아이언	21		
4번 아이언	24		
5번 아이언	28		
6번 아이언	32	⬆	⬇
7번 아이언	36		
8번 아이언	40		
9번 아이언	44		
피칭 웨지(P)	48		
어프로치 웨지(A)	52		
샌드 웨지(S)	56		

▶ 표에 나온 로프트 각은 제조사마다 상이함

Chapter 4

골프 구질과
골프 샷의 종류

위대한 플레이어일지라도 여러 차례

패하는 것이 골프다.

- 게리 플레이어 -

01

골프 구질

1. 볼의 구질에 따른 용어

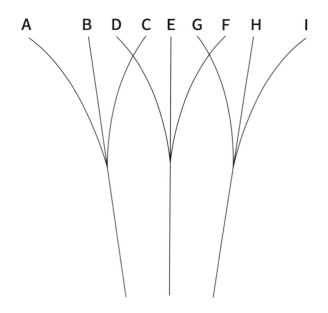

A. 풀 훅(Pull Hook): 왼쪽 직선으로 나가다 왼쪽으로 더 휘어지는 구질.

B. 풀(Pull): 왼쪽 직선으로 나가는 구질.

C. 페이드(Fade): 왼쪽 직선으로 나가다 오른쪽으로 휘어지는 구질.

D. 훅(Hook): 일직선으로 나가다 왼쪽으로 휘어지는 구질.

E. 스트레이트(Straight): 일직선으로 나가는 구질.

F. 슬라이스(Slice): 일직선으로 나가다 오른쪽으로 휘어지는 구질.

G. 드로우(Draw): 오른쪽 직선으로 나가다 왼쪽으로 휘어지는 구질.

H. 푸시(Push): 오른쪽 직선으로 나가는 구질.

I. 푸시 슬라이스(Push Slice): 오른쪽 직선으로 나가다 오른쪽으로 더 휘어지는 구질.

2. 클럽페이스와 클럽패스에 따른 공의 구질

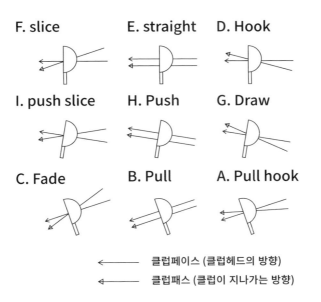

F. slice   E. straight   D. Hook

I. push slice   H. Push   G. Draw

C. Fade   B. Pull   A. Pull hook

⟵⟵⟵ 클럽페이스 (클럽헤드의 방향)
⟵⟵⟵ 클럽패스 (클럽이 지나가는 방향)

그림에서 보이는 바와 같이 스윙 궤도와 헤드의 페이스 면에 따라 어떠한 구질이 나오는지 확인할 수가 있다. 보통 싱글 골퍼 정도가 되려면 드로우 샷과 페이드 샷은 상황에 따라 적절하게 구사할 수가 있어야 한다.

3. 클럽패스

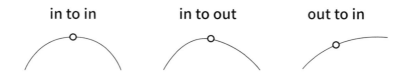

드로우 샷은 클럽패스(임팩트 시 클럽이 지나가는 구간)가 in to out으로 페이드 샷은 out to in으로 쳐야 만들어 낼 수 있는 구질인데 보통 프로 선수들은 평상시에는 비거리가 많이 나며 미스 샷이 적은 드로우 샷을 구사하고 상황에 따라 가끔씩 페이드 샷을 구사한다. 물론 반대로 평상시에는 페이드 샷을 구사하고 가끔씩 필요에 따라 드로우 샷을 구사하는 프로도 있다. 클럽 패스의 이론상 정답은 in to in으로 클럽 패스가 이루어져야 맞지만 필자는 in to out으로 스윙하길 권장한다. 초중급자들이 가장 많이 곤혹스러워하는 구질이 악성 슬라이스이다. 슬라이스는 아웃인 스윙에서 많이 발생하는 구질이다. 그렇기 때문에 인 투 아웃으로 스윙을 하면 실수도 적어지고 악성 슬라이스도 발생하지 않는다. 계속해서 인 투 아웃으로 스윙 연습을 하다 보면 비거리도 늘어나고 실수도 줄이게 된다.

02

어프로치 샷(Approach Shot)

　어프로치 샷이란 그린에 있는 홀컵에 볼을 최대한 가깝게 보내는 샷을 말하는데 보통 볼이 홀컵으로부터 80m 안쪽에 놓여 있는 상태에서 치는 샷을 어프로치 샷이라고 한다. 어프로치 샷도 상황에 따라 맞는 클럽을 선택해서 샷을 해야 하기 때문에 본인이 유리한 쪽으로 클럽을 선택하여 샷을 해야 한다.

　가령 볼이 홀컵으로부터 30m 정도 떨어져 있고 홀컵이 그린 중앙에 있으며 그린 우측에서 좌측으로 경사가 심하게 있다면 보통 골퍼들은 어프로치 샷을 할 때 볼을 홀컵의 약 7m~8m 우측 편(물론 경사도에 따라 다르지만)에 떨어뜨리면 볼은 좌측으로 굴러서 홀컵 가까이에 붙는다고 생각할 것이다. 그러나 정확한 착지 지점에 볼을 보내지 못한다면 볼은 심한 경사를 타고 홀컵과는 먼 거리로 굴러갈 것이다. 반면 골퍼가 볼을 띄우는 샷을 자신 있게 한다면 홀컵의 1m 정도 우측 편에 볼을 높이 띄워 보내서 그 자리에서 멈추거나 살짝 굴러서 홀컵에 붙이거나 할 것이다. 이처럼 어프로치 샷은 기본적인 확률로는 볼을 굴리는 샷이 좋다고는 하나 골퍼의 샷 능력에 따라 결정되기 때문에 정답은 없고 본인의 실력과 상황에 따라 결정하면 된다.

03

칩 샷(Chip Shot/칩핑)

　주로 30m 안쪽의 거리에서 볼은 낮게 띄워 많이 굴러가게 하는 샷으로 그린의 상태나 그린 엣지(그린의 가장자리)가 양호할 때 이용되는 샷이다. 보통 아마추어들은 샌드 웨지나 피칭 웨지를 주로 사용하나 프로들은 상황에 따라 7번~9번 아이언도 사용을 하는데 볼을 띄운 거리보다 볼이 굴러간 거리가 길다.

　먼저 스탠스는 주먹 두 개 정도이고 체중은 왼발에 60%, 오른발에 40% 정도로 두고 공의 위치는 오른발 안쪽 앞에 둔다. 그립을 잡은 손의 위치는 왼쪽 허벅지에 위치하면 자동으로 포워드 프레스(Forward Press: 손이 볼보다 목표 방향 쪽으로 내미는 자세, 핸드 퍼스트라고도 불리고 있다)동작이 이루어진다. 샷을 할 때는 손목을 고정하고 어깨 회전을 이용하여 포워드 프레스 상태를 유지하면서 스윙한다.

04

피치 샷(Pitch Shot/피칭)

　주로 30m~80m의 거리를 보낼 때 사용하는 샷으로서 공을 높이 띄워 핀 가까이에 붙일 때 사용하는 샷으로 볼을 띄워서 홀컵 주변에 볼이 떨어진 뒤 조금 굴러서 홀컵 가까이에 붙거나 홀컵으로 볼이 들어가게 된다.

　피치 샷은 띄워야 하는 샷이기 때문에 보통 샌드 웨지나 58도 웨지 등 로프트 각이 큰 클럽을 많이 이용한다.

　피치 샷은 어깨 넓이보다 약간 작게 오픈 스탠스를 취하고 볼의 위치는 중앙에 두어 퍼 올리는 동작을 예방하고 체중은 살짝 왼발에 둔다. 샷을 할 때는 다운 블로로 잔디를 뚫고 지나가듯 스윙 한다. 이때 백 스윙 시 허리 높이면 팔로 스루도 허리 높이로 하고(4~50m정도) 백 스윙 시 어깨 높이면 팔로 스루도 어깨 높이로(7~80m정도) 해 주어야 한다.

05

피치 앤 런 샷(Pitch & Run Shot)

피치 샷보다는 볼의 탄도가 낮으며 볼이 그린에 떨어져서 런이 발생하는 샷으로 그린 상태와 그린 주변 상태에 따라 볼이 그린이나 페어 웨이에 떨어진 뒤 홀컵 쪽으로 굴러가게 하는 샷이다. 보통 20m~50m 거리가 남았을 때 사용하는 샷을 말하는 것으로 피치 앤 런 샷은 페어 웨이에 볼이 떨어져서 그린 가장자리에 가까이 있는 홀컵까지 굴러가거나 그린 가장자리에서 홀컵까지의 거리가 먼 경우 그린에 볼을 떨어트려 홀컵까지 굴러가게 하는 샷으로 피치 샷보다는 런이 조금 더 발생하는 샷이다.

50m의 경우 피치 샷처럼 샷을 하되 볼을 조금 더 우측에 두고 클럽을 피치 샷은 샌드 웨지를 쳤으면 피치 앤 런 샷은 피칭 웨지 정도로 로프트 각이 조금 작은 것으로 샷을 하면 되고 반대로 20m가 남은 경우에는 칩

샷처럼 샷을 하되 피치 앤 런 샷은 볼을 조금 더 좌측에 두고 피칭웨지 정도로 로프트 각이 조금 큰 것으로 샷을 하면 된다. 피치 샷이나 칩 샷이나 모두 거리에 따라 스탠스를 자신에게 맞게 조정을 하고 클럽도 그에 맞게 선택을 하고 볼의 위치도 자신이 의도하는 방향으로 놓고 치면 된다.

06

범프 앤 런 샷(Bump and Run Shot)

범프 앤 런 샷은 그린이 페어 웨이보다 높은 지형에 있거나(포대 그린 이라고도 한다) 또는 홀컵이 그린 앞쪽에 있어서 볼을 굴릴 수가 있는 공간이 얼마 없을 때 유용하게 쓰이는 샷으로 볼을 프린지에 떨어트려서 홀컵 쪽으로 굴러가게 하는 샷이다.

골프는 용어가 많이 있는 편이나 가만히 들여다보면 똑같은 내용을 용어만 틀린 경우가 허다하다. 범프 앤 런 샷도 프린지를 이용하여 볼의 스피드를 줄이고 볼이 홀컵으로 굴러가게 하는 샷인데 홀컵이 그린 가장자리에서 얼마나 떨어져 있냐를 파악하고 나면 자신이 어떻게 샷을 해야 하는지 금방 감이 올 것이다.

예를 들어 홀컵까지의 거리가 50m이고 홀컵이 그린 가장자리에서 3m에 있다면 샌드 웨지를 사용하여 피치 샷으로 약 46m 정도로 프린지를 공략하면 무난할 것이다.

또 하나 예를 들자면 홀컵까지의 거리가 30m이고 홀컵이 그린 가장자리에서 7m에 있다면 피칭 웨지를 사용하여 피치 앤 런 샷으로 22m 정도로 프린지를 공략하면 좋을 듯싶다. 이처럼 홀컵 위치와 그린 주변 상황과 볼과 홀컵과의 거리를 파악하면 자신이 어떤 클럽을 사용하여 어떤 방식으로 공략하는 것이 가장 안전하며 합리적인가를 판단하여 샷을 하면 되는 것이다.

07

펀치 샷(Punch Shot/넉다운 샷)

펀치 샷은 넉다운 샷이라고도 하며 맞바람이 많이 불어서 공이 바람의 영향을 많이 받을 때나 낮은 탄도로 볼을 날려야 할 때 주로 사용하는 샷으로 의도적으로 볼의 궤적이 낮게 날아가게끔 치는 샷이다. 프로 선수들의 경우에는 바람의 영향이 아니더라도 거리를 컨트롤하거나 공을 똑바로 쳐야 할 때도 펀치 샷을 친다. 보통 펀치 샷을 칠 때는 한 클럽 더 긴 채를 잡고 평소보다 공을 우측 편에 두고 손은 볼보다 앞으로 나가며 눌러 치듯 샷을 하는데 풀스윙을 하는 것이 아니라 3/4 정도로 끊어 치듯 스윙을 하는 것이다.

08

플럽 샷(Flop Shot/로브 샷)

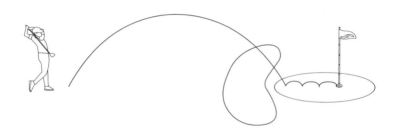

　플럽 샷은 공을 아주 높이 띄워 홀컵에 붙이는 샷을 말하는데 주로 그린 앞쪽에 벙커나 연못 등 기타 장애물이 있을 때 사용하는 샷으로 어쩔 수 없이 높이 띄어야만 될 때 사용한다. 미스가 많이 나는 샷이라 대부분 프로 선수들도 꼭 필요할 때만 사용한다. 플럽 샷과 로브 샷은 샷을 하는 테크닉은 같으나 페어 웨이처럼 잔디 상태가 좋은 곳에서 샷을 하면 백스핀이 잘 걸리므로 로브 샷이라 하고 러프나 잔디 상태가 좋지 않은 곳에서 샷을 하면 백스핀이 적게 걸려서 런이 발생하는데 이런 상황에서 샷을 하는 것을 플럽 샷이라 한다.

플럽 샷은 로프트가 높은 58도나 60도 웨지를 이용하여 클럽페이스를 살짝 열고 샷을 하기도 하지만 56도 웨지를 사용하여 클럽 페이스를 많이 열고 샷을 할 수도 있다.

플럽 샷은 오픈 스탠스를 하고 클럽 페이스를 열고 볼을 발 중앙에 둔다. 가파르게 백스윙을 하고 다운 스윙 시 클럽이 볼 밑으로 파고들어야 하며 팔로 스루를 과감하게 해 주어야 백스핀이 발생하게 된다.

09

벙커 샷(Bunker Shot)

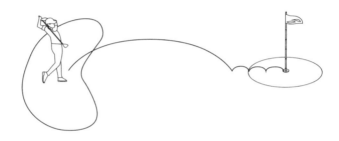

　볼이 벙커에 들어갔을 때 벙커에서 탈출하기 위해 사용하는 샷으로 보통 샌드 웨지를 이용하여 샷을 한다. 흔히 골퍼들이 제일 두려워하는 것이 벙커에 빠지는 것인데 보통 골퍼들이 벙커 샷을 연습하지 않기 때문이다. 연습장에 가면 벙커 샷 연습을 하는 곳이 있지만 대부분 골퍼들은 벙커 샷 연습을 하지 않은 상태로 필드에서 벙커 샷을 경험하게 되는 것이 일반적이다. 벙커 샷을 일주일에 한 시간만 연습해도 벙커에 대한 자신감이 붙게 되고 벙커에 대한 불안감도 없어지게 되니 꾸준한 벙커 샷 연습으로 싱글 골퍼의 반열에 올라가길 기대한다.

1. 벙커샷 요령

- 오픈 스탠스를 취하고 발을 좌우로 비비며 발을 모래에 살짝 파묻는다. 이것은 스윙을 할 때 모래에서 발이 미끄럽지 말라고 하는 행동이다.
- 볼은 발 중앙에 위치하라(오픈 스탠스를 취하고 있기 때문에 좌측 발 뒤꿈치 안쪽에 볼이 있다).
- 클럽 페이스를 열어라(그립을 잡고 클럽 페이스를 여는 것이 아니라 클럽 페이스를 열어 놓고 그립을 잡아라).
- 가파르게 밖으로 백스윙을 하고 다운 스윙 시 볼의 5cm 뒤쪽으로 클럽을 겨냥하라.
- 스윙을 멈칫하지 말고 팔로 스루를 끝까지 하라.

10

퍼팅(Putting)

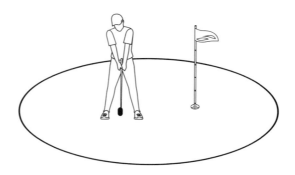

    퍼팅은 볼이 그린에 올라왔을 때 퍼터를 이용해 홀컵에 볼을 넣는 샷 동작을 말한다. 골프 스코어에서 드라이버도 한 번 치면 한 타이고, 퍼터도 한 번 치면 한 타이다. 보통 볼이 그린에 올라오면 최소 2타로 볼을 홀컵에 넣어야 하는데 3번, 4번씩 퍼팅을 하다 보면 점수를 다 잃게 되므로 퍼터도 한타, 한타 집중하여 퍼팅을 하여야 한다. "드라이버는 쇼이고 퍼팅은 돈이다"라는 말이 있다. 그만큼 퍼팅은 골프 스코어에 있어 가장 중요하다고 할 수 있다. 독자들도 집에서는 항상 퍼팅 연습을 하여 스코어 향상에 힘쓰길 바란다.

1. 퍼팅 요령

- 손을 내려서 퍼터를 잡고 손을 배꼽 쪽으로 살짝 들어 올리면 5각형 모양이 된다.
- 그 자세로 시계추가 흔들거리는 것처럼 퍼팅을 하면 되는데 퍼터를 발 중앙에 위치하게 되면 볼은 자동으로 왼쪽으로 오게 된다.
- 체중은 살짝 왼발에 두고 임팩트 순간 헤드 면의 가운데로 볼을 쳐라.
- 5m 이내 거리에서는 백 스윙과 스트로크 거리를 똑같이 하되 멈칫하지 말고 자신 있게 스트로크 한다.
- 먼 거리와 오르막 퍼팅은 백 스윙보다 스트로크 거리를 1.5배 길게 한다.
- 짧은 거리와 내리막 퍼팅은 스트로크 거리를 백 스윙보다 30% 정도 짧게 한다.
- 볼을 굴린다는 이미지로 퍼팅하고 먼 거리는 볼을 거리에 맞게 때려 준다.
- 내리막에서는 그립을 짧게 잡고 퍼팅하라.

11

골프 스윙은 폼이 좋아야 한다

모든 스포츠에서 폼이 중요하다는 것을 독자들도 알고 있으리라 생각
한다. 어느 스포츠라도 폼이 좋아야 실력도 늘고 보기에도 멋이 있으며,
부상도 줄일 수가 있다. 골프는 특히 다른 스포츠보다 폼이 중요시되고
있다. 골프는 척추를 축으로 하여 몸을 회전하며 스윙을 하게 되는데 잘

못된 자세로 스윙을 하게 되면 이런저런 부상을 당할 수가 있기 때문에 스윙의 기본 폼을 배울 때 잘 배워야 한다.

각종 매체에서 아마추어 골퍼들의 경기 모습을 볼 수가 있다. 이런 경기에서 간혹 스윙 폼은 이상하고 엉성한데 볼은 똑바로 날아가며 스코어도 싱글을 기록하는 장면들을 보았을 것이다. 이런 골퍼들은 십수 년간 자신의 스타일대로 폼이 만들어져서 클럽 패스 구간만은 똑바로 스윙을 하기 때문에 볼이 똑바로 날아간 것이다. 그러나 독자들도 그러한 골퍼들을 보면 잘 친다는 느낌을 받기보다는 웃음이 나올 것이다. 필자가 단언컨대 그 골퍼가 애초에 스윙 폼을 제대로 배우고 지금에 이르렀다면 싱글 골퍼가 아니라 언더 골퍼가 됐을 것이다. 또한 힘을 빼고 아름다운 스윙을 만들어 내는 골퍼는 몸에 무리가 없지만 스윙 자세가 안 좋은 폼의 골퍼는 어딘가는 몸에 무리가 올 수가 있다. 건강을 위해서도 아름다운 스윙을 만들어 내야 하는 것이다.

필자의 지인 중에도 골프 스윙에 있어서 나쁜 습관을 가지고 있는 골퍼들이 많이 있다. 그들 중에는 본인이 나쁜 습관이 있는 줄도 모르고 그냥 골프 스윙을 하는 데 있어서 큰 무리가 없이 볼도 잘 맞는 편이고 하니 나쁜 자세로 굳어진 자신의 폼을 인지를 못하고 있는 경우가 있다. 또 다른 지인은 처음 골프를 접할 때 기본 스윙 폼을 잘 배워서 필드에서 경기를 하면서 스윙 폼이 좋다고 몇 번이나 칭찬을 해 준 적이 있었다. 그런데 몇 개월 뒤 필드에서 다시 만나게 되었을 때는 스윙 폼이 형편없이 망가져 있었다. 그에게 도대체 무슨 일이 있었냐고 물었더니 필드에 같이 나갔던 지인의 친구가 그에게 비거리가 그것밖에 안 나가냐며 핀잔을 주어 그때부터 오기가 나서 비거리를 늘리려고 온 힘을 쓰며 연습을 했다고 한다. 그랬더니 자신도 모르게 스윙 폼이 변했다는 것이다.

잘못된 골프 스윙 자세를 고치는 것은 처음 스윙을 배우는 것보다 몇 배는 더 어렵다. 골퍼들 중 많은 사람들이 자세를 고치려고 무던히도 애를 쓰다가 어느 정도 나쁜 습관이 고쳐지는가 싶다가도 본인도 모르게 또다시 나쁜 습관이 나오게 된다. 물론 뼈를 깎는 노력으로 멋있는 스윙 폼을 다시 찾는 골퍼들도 있지만 그게 쉽지가 않다. 그렇기 때문에 처음 골프 스윙을 배우는 골퍼들은 반드시 올바른 자세의 골프 스윙을 배워야 한다. 주변에서 비거리 등 어떤 이야기를 해도 휩쓸리지 말고 기본에 충실하다 보면 비거리는 자동으로 늘어나게 된다. 중상급자 골퍼라도 현재 자신의 골프 폼이 아름답지 않다면 몸에 힘을 빼고 수없이 반복 연습을 해서라도 아름다운 스윙을 만들어 가길 기대한다.

12

이것을 지키면 당신도 싱글 골퍼

지금부터는 필자가 그동안 터득한 골프 스윙의 비법을 이야기 하려 한다. 단, 이 비법은 올바른 골프 스윙 폼을 하고 있음에도 볼이 아이언 클럽에 맞을 때 따귀를 아주 세게 때리는 듯한 소리인 '짝' 하는 소리가 안 나는 골퍼, 비거리가 안 늘어나는 골퍼, 골프 구력이 10년 이상인데 싱글을 치지 못하는 골퍼, 그리고 처음 골프를 배우는 골퍼들을 위한 비법이다. 어떻게 보면 올바른 골프 스윙을 해야 한다는 것이 당연한 말인 것 같지만 이 당연한 것을 지키지 않아 골프 실력이 늘지 않는 골퍼가 그만큼 많다는 것이리라.

첫째, 그립을 똑바로 잡았는지 항상 점검하면서 골프 연습을 하지 않을 때도 헌 골프채의 그립 부분만 잘라서 곁에 두고 수시로 그립을 잡는 연습을 해서 그립 잡은 상태가 편안해지고 손에 딱 감기는 느낌이 올 때까지 그립을 가지고 놀아라.

- 드라이버는 스트롱 그립을 잡아서 슬라이스를 방지하며 클럽의 로

테이션을 원활하게 한다.

- 아이언은 방향성이 중요하기 때문에 네츄럴 그립을 잡는 것이 유리하다.
- 웨지는 아마추어 골퍼가 많이 실수하는 것이 볼이 왼쪽으로 많이 날아가는 것이다. 그것은 클럽을 왼쪽으로 잡아당기는 원인도 있지만 대부분 드라이버와 똑같이 스트롱 그립을 잡아서 왼쪽으로 로테이션이 잘되어서 그런 것이다. 웨지는 짧은 클럽이기 때문에 위크 그립을 잡아서 스윙을 해야 방향성을 좋게 할 수가 있다.

둘째, 연습 채를 따로 하나 장만해서 연습장이 아닌 사무실이나 다른 공간에서도 시간이 있을 때마다 클럽을 잡고 어드레스 자세를 취해 본다. 목과 어깨와 등, 허리, 팔의 힘을 빼는 연습을 하라. 목과 어깨를 흔들어 보고 허리도 흔들어 보고 팔도 흔들어 보고 등도 굽혔다 펴는 자세를 반복하면서 힘 빼는 연습을 해라. 좌우로 손을 흔들었을 때 어깨에 힘이 안 들어가고, 중심이 잘 잡혀있고, 자연스럽게 움직일 때까지 수시로 연습을 하라. 힘을 빼고 손을 아래로 떨어트려 팔꿈치가 약간씩 구부러진 상태로 최대한 힘을 빼고 그립을 잡아라(삼각형이 아니라 오각형 어드레스를 자세를 취하라).

- 어드레스가 편해지고 몸에 힘이 안 들어가게 하라.
- 그 방법은 어드레스 시 어깨에 힘을 빼고 양팔을 밑으로 떨어트려 보라. 양 팔꿈치가 살짝 구부러지게 될 것이다.
- 그 상태에서 그립을 잡고 어드레스 자세를 취하라.

- 힘을 줘야지만 팔꿈치가 펴진다. 힘을 주지 말고 팔꿈치가 살짝 구부러진 상태에서 그립을 잡아라.
- 힘을 빼고 클럽을 도끼질할 때처럼 오른쪽 등 뒤로(오른손잡이) 넘겼다가 도끼질하듯 아래로 스윙을 하라. 다시 위 내용대로 어드레스 자세를 잡고 반복 연습을 하라.
- 이 동작을 스스로가 힘을 안 주고 스피드만 이용하여 스윙을 하고 있다고 느껴질 때까지 연습하라. 어느 순간 헤드 무게를 느끼며 스윙의 감이 올 것이다. 안 느껴진다면 느껴질 때까지 연습하고 또 연습하라.

셋째, 헤드 무게가 느껴지고 스윙의 감을 느꼈다면 이제부터는 도끼질은 마스터하고 올바른 백 스윙을 하되 백 스윙을 할 때는 천천히 하라.

- 백 스윙을 할 때는 양쪽 겨드랑이를 살짝 조이고 옆으로 일자로 헤드를 먼저 보내면서 백 스윙을 해야 한다.
- 클럽이 허리 높이에서 샤프트가 지면과 수평이 되었을 때 클럽 헤드가 척추의 기울기와 같이 살짝 닫혀 있어야 한다.
- 그런 다음 기본자세에서 언급한 올바른 코킹을 하여 백스윙 자세를 완성하면 되는데 왼팔이 어깨 높이에 왔을 때 그립 끝이 볼을 가리키고 있어야 한다.
- 여기에서 조금만 더 팔을 올리면 백 스윙 탑이 되는데 이때 왼쪽 어깨가 오른발 위치까지 오도록 회전을 하며 몸의 꼬임을 느껴야 한다. 이 동작을 자연스럽게 될 때까지 연습해야 한다. 숫자를 세며 동작이 이루어진다면 보통 하나, 둘에 백스윙 탑까지 셋에 다운 스윙 넷에

피니쉬 동작을 하는데 필자는 백 스윙 탑까지 하나, 둘, 셋, 다운 스윙 넷, 피니쉬 다섯으로 하는 것을 절대적으로 권장한다. 이렇게 해야 몸의 꼬임도 잘 느낄 수 있고, 스웨이(옆으로 밀리는 동작)도 방지하고 스윙도 여유롭게 힘을 빼고 할 수가 있다.

넷째, 다운 스윙 시 도끼질로 힘 빼기를 마스터한 동작과 같이 힘을 빼고 다운 스윙을 하되 다음의 내용대로 스윙을 하여야 한다.

- 3시 반에서 9시 반 방향으로(인 투 아웃) 스윙하라.
- 하체가 먼저 리드하면서 다운 스윙을 시작하라. (골반 회전)
- 임팩트 시 코킹을 최대한 유지하면서(레깅 동작) 손이 볼보다 조금 앞으로 나가서 눌러 치듯 볼이 맞게 하라.
- 임팩트 이후에도 양쪽 겨드랑이를 조이고 손을 타깃 방향으로 뻗어 줘야 한다. (임팩트 전부터 손을 타깃 방향으로 뻗어 준다 생각하면서 스윙을 해야 한다. 이때 릴리즈는 자연스럽게 이루어진다.)
- 이때까지 오른쪽 어깨를 뒤쪽에 잡아 두려고 노력해야 한다. 그 이후에는 오른쪽 어깨도 자연스럽게 돌아간다. (이때 상체를 숙이거나 일어나거나 하면 안 되고 어드레스 상태의 척추 각을 그대로 유지하면서 회전을 하면 된다. 힘을 빼고 스윙을 하면 척추 각이 유지하기가 쉬운데 힘을 주게 되면 상체를 아래로 더 숙이면서 스윙을 하거나 반대로 상체를 일으키면서 스윙을 하게 된다.)
- 임팩트 시 손의 위치는 어드레스 상태의 위치로 돌아오면서 임팩이 되어야 한다. 어드레스 상태의 위치보다 손이 몸 앞쪽으로 나가면서

스윙이 이루어지면 안 된다.
- 모든 스윙은 왼손 위주로 스윙을 해야 오른쪽으로 볼이 휘어지는 것을 방지할 수 있으며 인 투 아웃 스윙이 쉽고 오른쪽 어깨가 덮이면서 스윙하는 것도 방지할 수 있다.

꼭 왼손 위주로 스윙하길 바란다. 단, 어프로치를 할 때는 최대한의 감각을 느끼면서 스윙을 해야 하기 때문에 오른손 위주로 스윙을 한다.

기본 동작 연습 중에는 항상 동작을 천천히 하면서 어떤 자세를 취하면서 동작을 해야 하는지 계속 생각해야 한다. 천천히 연습하고 조금 더 빨리해 보고 하프 스윙만 연습해 보고 풀스윙을 연습해 보고 또 생각하면서 천천히 동작해 보고 또 조금 더 빨리해 보고 하면서 동작을 익혀 가야 한다. 다시 한번 강조 하지만 다운 스윙 시 백 스윙 때 몸에 힘을 뺀 그대로, 힘을 빼고 인 투 아웃으로 스윙하되, 클럽이 볼에 맞을 때는 골프 클럽보다 손이 조금 앞으로 나가서 임팩이 되어야 하며 손을 타킷 방향으로 뻗어 주어야 한다. 이때까지는 오른쪽 어깨를 뒤쪽에서 잡아 주고 스윙을 한다. 이 동작이 원만하게 이루어질 때까지 연습하고 또 연습해야 한다. 제일 중요한 동작이니 꼭 숙달해야 한다. 이 동작을 몸에 완벽히 익혀야 당신도 싱글이 될 수 있다. 강조하고 또 강조하건데 절대 힘을 써서 비거리를 늘리려 하지 말아야 한다. 비거리는 이 동작이 완성이 되면 자동으로 늘어나게 된다. 인생에 있어 무슨 일이든 잘못되는 경우는 그놈의 욕심 때문에 망한다. 동작이 완성될 때까지 과욕은 금물이니 참아야 한다.

다섯째, 위에서처럼 다운 스윙을 하면 임팩트 구간을 지나고 자연스럽게 팔로 스루를 거쳐 피니시 동작까지 이루어지게 된다. 기본 동작에서 언급한 피니시 동작을 잘하면 아름다운 스윙이 되며 그야말로 그림 같은 동작이 나온다. 피니시 동작을 잘 취하고 하나, 둘, 셋을 센 다음 자세를 푼다. 3초 동안 피니시 동작을 유지하고 있으란 뜻이다. 지금도 프로 선수들이 시합에 나와서도 드라이버를 칠 때 보면 피니시 동작을 3초 정도 유지하는 모습을 많이 보았을 것이다. 이렇게 다섯까지 사항을 지키며 연습을 꾸준히 3개월만 한다면 당신은 아름다운 샷을 가진 골퍼로서 멋진 인생의 즐거움을 느낄 것이다.

지금까지 기술한 내용을 한 치의 의심도 없이 믿음을 가지고 연습을 하는 것이 중요하다. 골프 프로님들이 골프에 대한 여러 가지 레슨을 많이 하고 있는데 풀어서 생각하면 말만 다르게 표현되었을 뿐 지금까지 설명한 내용에 거의 다 포함되어 있으니 이 책을 읽는 독자들께서는 위의 방법대로 열심히 연습하여 싱글의 반열이 아니라 그 이상으로 올라서시길 기대한다.

13

골프는 독학이 가능하다

골프가 대중화되면서 골프를 접하게 되는 경로나, 골프를 배우는 방법들이 다양해졌다. 골프에 관심이 없어도 친구 따라 강남 가는 격으로 스크린 골프장에 한 번쯤은 들르게 되는 게 상당히 일반적인 일이 되어, 스크린 골프장에 한 번도 가 보지 않은 사람이 드물 정도이다. 이렇게 알음알음 골프를 접하면서 친구들에게 배우고 조금 더 나아가서 책이나 유튜브를 통해서도 얼마든지 배울 수가 있다. 골프 독학을 위한 접근성 좋은 다양한 콘텐츠들이 많이 있고, 이런 콘텐츠들이 많이 있다는 것은 골프가 독학이 가능하다는 걸 보여 주는 것이다.

물론 전문 코치를 통해 골프를 배우는 것이 제일 좋은 방법임에는 틀림이 없을 것이다. 하지만 경제적인 여건이나 시간적인 상황에 따라 골프를 전문적으로 배우지 못하는 분들이 있다. 그런 분들을 위해 몇 가지 팁을 준다면, 먼저 골프를 총망라하여 골프가 어떤 스포츠이고 최소한의 골프 규칙은 어떻고 골프 장비는 어떻게 이루어져 있고 골프스윙은 대략 어떻게 하고 필드에 나가서는 어떻게 해야 하는지 등등 골프의 기본적인 메커니즘은 무엇인가를 알려 주는 골프 서적 한 권 정도는 읽어 보아야 한다. 이를 통해 골프에 대한 기본 지식을 습득하고 그것을 토대로 순차적으로 배워 나가면 될 것이다.

먼저 골프에 대한 기본 지식을 얻었다면 아주 싼 골프 클럽을 구입하라. 풀 세트로 되어 있는 중고 골프 클럽을 구입해서 기본 스윙을 골프 서적과 유튜브를 통해 배워라. 이때 볼은 치지 말고, 빈 스윙으로 스윙의 자세가 완성될 때까지 7번 클럽으로 약 한 달간 연습을 한다. 스윙이 완성이 되면 집 근처의 연습장에 가서 1년 사용료를 내고 다니던지 볼을 박스로 구입해서 다닐 수가 있는데 보통 한 박스에 볼이 100개로 50박스나 혹은 100박스를 구입해서 한 번 갈 때마다 한 박스씩만 치면 된다. 연습 스윙 2번 하고 볼 하나 치고 연습 스윙 2번 하고 볼 하나 치고를 반복하면 대략 한 시간 정도 걸린다. 결국 스윙을 300번 연습한 셈이다. 볼을 5박스씩 빨리 치는 것보다 자세를 잘 생각하고 빈 스윙도 하면서 300번 정도 스윙을 하는 것이 훨씬 좋은 연습 방법이다. 이렇게 해서 볼이 잘 맞고 자세가 안정적이고 피니시가 좋으면 거리에 따라 다른 아이언도 연습을 하고 아이언이 다 잘 맞으면 유튜브 등을 보고 어프로치 샷과 퍼팅 연습도 하고 드라이버와 우드도 순차적으로 연습하면 된다.

이렇게 연습이 다 되면 주말에 파 쓰리 골프장에 가서 실제로 연습을 해 본다. 파 쓰리 골프장에서 연습을 하며 자신의 부족한 점을 파악하고 연습장에서나 집에서 계속 연습을 하라. 이때 친구들에게 동영상을 찍어 달라고 해서 자신의 자세를 점검도 해 보고, 스크린 골프장에 가서 자신의 스윙 화면도 참고하면서 지속적으로 자세 교정도 하고 멋진 폼을 만들어라.

이제 어느 정도 실력이 쌓였다면 드디어 정규 골프장에 머리를 올리러 가게 된다. 골프장에 다녀온 뒤 자신의 장단점을 파악하여 장점은 더욱 살리고 단점은 보완하며 연습을 거듭한다.

골프 스윙을 할 때는 자신이 꼭 지켜야 할 동작 중 한두 가지만 생각하면서 간결하게 스윙을 하지만 골프 스윙을 배울 때는 지켜야 할 동작들을 하나하나 모두 지켜야 하기 때문에 생각을 하면서 계속적으로 지켜야 할 동작들을 하나하나 모두 꾸준히 연습하여 체득하여야 한다.

이후로는 본인의 상황에 따라 스크린도 즐기고 필드도 즐기며 골퍼로서 거듭날 일만 남아 있다. 이제부터 당신은 인생에 있어 짜릿하고 통쾌한 골프를 경험하게 될 것이다.

14

멘탈 관리

모든 스포츠는 고도의 집중력과 강인한 정신력이 필요하다. 그중에서도 골프는 정신력이 가장 중요하기 때문에 멘탈 스포츠라고도 불리 운다. 그만큼 경기 시간이 오래 걸리고 여러 가지 어려운 상황도 발생하기 때문일 것이다.

인간의 심리를 들여다보면 긍정적인 생각보다는 부정적인 생각이 뇌 속으로 더 파고드는 것 같다. 가령 골퍼가 티 박스에 올라가서 슬라이스가 날 것 같다는 생각이 들어서 조심해서 잘 쳐야 되겠다고 마음을 먹고 티샷을 하였는데도 불구하고 공은 슬라이스가 나고 만다. 이미 부정적인 생각이 꼬리에 꼬리를 물고 뇌를 혼란에 빠뜨려 슬라이스가 나도록 유도하고 만다. 이미 자신의 머릿속에 슬라이스를 그려 넣고 샷을 하게 되는 것이다. 그렇다면 어떤 방식으로 멘탈 관리를 해야 좋은 샷을 만들어 내고 즐거운 골프를 할 수가 있을까?

골프 멘탈의 핵심적인 방법은 다음과 같다.

첫째, 자신감을 가져야 한다. 자신감이 없는 불안한 마음을 갖고 샷을 하면 그 불안한 마음 쪽으로 결과가 나타나게 된다.

둘째, 긍정의 마음으로 이미지 트레이닝을 하라. 내가 목표한 위치를 바라보고 그쪽으로 공을 보낸다는 긍정의 마음을 마음속 깊게 상상을 하라. 이것은 나의 뇌를 계속해서 긍정적으로 훈련시키는 방법이다.

셋째, 실수한 샷은 바로 잊어버리도록 노력한다. 긍정의 마음으로 샷을 했어도 무의식이 부정의 마음을 끌어당기면 원하는 결과가 안 나올 수가 있다. 하지만 그 샷에 대해 빨리 잊어버리고 새로운 긍정의 생각을 가져야 한다.

넷째, 욕심을 버려야 한다. 긍정의 마음으로 샷을 한다고 해도 욕심이 있으면 그 긍정의 힘은 부정으로 바뀌게 된다. 내가 원하는 샷을 머릿속에 그리며 긍정의 힘으로 샷을 하면 되지만 거리를 더 많이 보낸다거나 평상시 페이드 샷을 잘 구사하지 못하는데 완벽한 페이드 샷을 구사하려고 욕심을 부리면 긍정의 힘이 무의식 속에 부정으로 바뀌게 되며 또한 욕심은 온몸에 힘을 부추겨서 미스 샷을 유발하게 한다.

다섯째, 겸손한 마음을 가져야 한다. 미스 샷이 나타난다 해도 내 마음 속에 욕심이 많이 있었다거나 내가 긍정의 힘이 부족했다거나 내가 연습이 조금 부족했다거나 하면서 겸허히 그 상황을 받아들이는 자세가 중요하다. 이러한 겸손한 마음을 가지고 있어야 실수한 샷을 바로 잊어버리고 다음 샷에서 긍정의 힘을 가질 수가 있다. 또한 왜 미스 샷이 나왔는지 본인 스스로 복기도 하면서 잘못된 점을 찾아내는 것도 좋은 방법이다. 그러나 절대로 화를 내거나 짜증을 내면 그날은 모든 샷이 망가져 버린다. 독자들도 화를 내거나 짜증을 낸 골퍼들을 간혹 보았을 것이다. 그 골퍼의 그날의 결과는 불을 보듯 뻔하지 않던가 말이다.

여섯째, 나만의 루틴을 만들어라. 루틴은 샷을 하기 전에 나만의 특정한 행동을 하는 것을 말하는데 나만의 루틴대로 행동을 하고 샷을 하면 정신적으로 안정된 긍정의 힘을 배가시킬 수 있다. 프로 선수들도 자신만의 정형화된 루틴을 가지고 있다.

앞의 여섯 가지 멘탈 관리의 방법들을 꾸준히 실천하다 보면 부정의 마음이 점차 사그라들고 긍정의 마음이 한층 높아져서 더욱 즐겁게 골프를 하게 됨은 물론 원하는 목표의 스코어를 조만간에 달성하게 될 것이다. 이것은 비단 골프 경기뿐만이 아니라 일상생활에서도 적용이 되어 좋은 일들만 가득하게 되므로 삶의 기쁨도 배가 될 것이다.

Chapter 5

골프장
가는 날

골프를 즐기는 것이 이기는 조건이 된다.

– 헤일 어윈 –

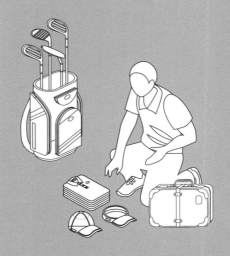

01

골프 장비! 잘 챙겨야지

모든 역경을 이기고 골프 스윙을 마스터한 당신에게 진정한 찬사를 보낸다. 드디어 골프장에 가는 날이 온 것이다. 보통 비기너들이 머리를 올리려 처음으로 골프장에 올 때 보면 꼭 한두 가지는 빼먹고 오는 일이 허다하다.

1. 골프장 가기 전 점검 사항

- 먼저 골프 클럽은 연습으로 인하여 클럽 헤드 부분에 볼과의 마찰로 인해 볼 자국과 오물이 묻어 지저분해져 있다. 골프 클럽을 깨끗이 닦아 놓아야 한다. 이것은 기본 에티켓이다.
- 골프장 가는 당일에는 골프화를 보스턴백(옷가방)에 넣어 두어야 한다.
- 보스턴백에는 갈아입을 골프복과 모자, 속옷 등을 챙겨 넣어야 한다.
- 처음 골프장을 가는 분들은 연습 때는 볼이 잘 맞았더라도 필드에서는 바닥이 고르지 않고 또한 잔디 여건에 따라 미스가 많이 나와서

볼을 잃어버리는 경우가 많기 때문에 여분의 골프공을 준비해 가야한다.

- 골프티는 나무로 된 것은 잘 부러지므로 롱티와 숏티를 충분히 준비하고 플라스틱 골프티도 잃어버릴 수가 있으니 여분을 준비하기 바란다.

- 볼마커와 그린 보수기도 꼭 필요하니 잘 챙겨 두기 바란다.

- 우비와 발토시는 기본적으로 골프백에 항상 챙겨 두고 비가 올지도 모르는 날씨라면 우산도 골프백에 챙겨 두어야 한다. 많은 비가 오면 라운딩이 불가능하지만 조금씩 비가 내릴 때는 보통 라운딩을 하기 때문이다.

- 골프 장갑은 항상 서너 개씩은 골프백에 챙겨 두는 것이 좋다. 라운딩 하는 도중 장갑이 찢어질 수도 있고 비가 오는 날에는 두세 개씩 갈아 끼기도 한다.

- 골프공을 닦을 수 있는 조그만 타월을 챙겨 가라. 그린에 볼이 안착하면 볼 뒤에 볼마커를 놓고 볼을 집어 올린다. 티 박스에서 출발하여 페어웨이를 거쳐 그린에 도착하면 보통 그 볼에는 흙과 잔디 등의 오물이 묻어 있다. 퍼팅을 하려면 볼을 깨끗이 닦아야 하는데 보통 캐디가 볼을 닦아 주고 퍼팅 라인에 따라 볼도 놓아 준다. 하지만 이것도 본인이 퍼팅 라인을 읽어야 실력이 늘기 때문에 본인이 볼도 닦고 퍼팅 라인도 본인이 읽기를 권장한다.

- 스포츠 선글라스를 챙겨가라. 자외선이 강한 날씨에는 시력 보호를 위해서 선글라스를 꼭 착용하길 바란다.

- 거리 측정기를 가져가서 본인의 코스 공략대로 라운딩을 즐겨라. 대

략적인 거리를 캐디가 말을 해 주는데 정확한 거리를 불러 주는 캐디도 있지만 그렇지 못한 캐디도 있다. 본인이 거리 측정기를 이용해 정확한 거리를 재고 바람과 지형의 고저 차이를 파악하고 전략적으로 어디로 공략할지를 판단하여 플레이하기를 바란다. 그저 볼을 치는 것이 아니라, 내가 판단하고 내가 생각하고 내가 전략적으로 코스를 공략하는 것이 진정한 골프의 매력이기 때문이다.

- 앞서 설명한 야디지 북을 챙기고 필기구도 챙기자. 제일 중요한 것이 야디지 북이다. 이것이 있어야 진정한 코스 공략을 할 수가 있다.
- 손가방(파우치)을 준비해서 지갑과 스마트폰, 썬크림 등을 넣어 두면 편리하다.

자, 이제 모든 준비는 끝냈다. 필드에 나가기 전에 미리 만들어 둔 야디지 북을 보면서 자신이 코스를 정복하는 이미지 메이킹을 하라.

02

티 오프 한 시간 30분 전에 골프장 도착

앞선 장에서 적어도 40분 전에는 골프장에 도착하라고 언급한 바가 있다. 하지만 최소한의 시간이 40분 전에 도착하는 것이고 한 시간 30분 전에 도착을 하면 몸 푸는 시간에 더 많은 시간을 사용할 수가 있다. 보통 프로 선수들은 경기를 하는 날에는 적어도 한 시간 이상을 연습하고 경기에 들어간다. 흔히 아마추어 골퍼들은 골프 경기가 종반에 들어갈 때 즈음에야 이제야 몸이 풀리고 볼이 잘 맞기 시작한다고 많이들 이야기하는데 다 맞는 말이다. 그래서 골프 치는 당일 날 골프 연습 시간만 한 시간 정도를 할애해서 연습을 하고 바로 경기를 임하면 제 실력을 발휘할 수가 있는 것이다. 20분은 골프복도 갈아입고 화장실도 가고 썬크림도 바르며 여유롭게 경기에 나갈 채비를 하고 한 시간 정도 스트레칭과 연습을 하고 티오프 10분 전에 본인의 카트로 오면 된다. 이렇게 한 시간 정도 연습한 골퍼는 제 실력을 제대로 발휘하며 골프를 즐기게 되고, 연습을 안 한 골퍼는 미스 샷을 연발하게 되는 것이다. 이처럼 간단한 진리를 알지 못하거나 알고 있어도 지키지 못하고 그저 남들이 골프를 하니까 마지못해 골프를 하거나 그냥 대충 쳐도 어느 정도 치니까 연습 따위는 무시해 버리는 골퍼들이 상당히 많이 있다. 이런 골퍼들은 18홀 내내 스트레스를 받으며 오늘따라 왜 이렇게 볼이 안 맞냐는 둥 툴툴거리며 불만을 토로 하지만 볼이 정말 잘 맞을 때는 있었는지 의심이 간다.

　이왕지사 골프를 하기로 마음먹었다면 골프의 스윙과 골프 코스의 공략을 잘 이해하고 골프 연습을 하여 자신만의 방법으로 골프 코스를 공략하고 골프의 묘미를 느끼며 짜릿하고 통쾌하고 행복한 골프를 즐기시길 바란다.

03

락커룸에서

　골프장의 클럽하우스에 도착하여 본인의 락커룸 번호표를 받아 락커에 가서 골프복으로 환복을 하고 골프화와 골프 모자 그리고 보스턴백에 챙겨 둔 보조 용품(거리 측정기 등)을 챙겨서 나오면 되는데 이때 자동차 키와 락커 번호표는 보조 가방에 꼭 챙겨 놓기 바란다. 골프 경기가 끝나면 바로 주차장으로 이동하여 본인의 자동차에 골프 클럽을 실어 주기 때문에 자동차 키를 챙겨야 하고 락커 번호표는 클럽하우스를 이용할 때나 그늘집을 이용할 때 본인의 락커 번호를 알려 주고 음식이나 음료를 마신 뒤 골프 경기가 끝난 후 클럽하우스 프런트에서 그린피와 전동 카트비와 함께 한 번에 계산하면 된다. 본인이 락커 번호를 잊어버리면 난감하기도 하고 경기가 끝나고 본인의 락커를 찾을 때도 헷갈리기 때문이다. 물론 프론트에서 알려 달라고 하면 되지만 본인이 직접 프런트에 가서 본인임을 확인한 후 알려 준다. 비밀번호를 잊어버렸거나 락커 문이 안 열릴 때는 락커룸에 근무하시는 직원분에게 연락을 해서 락커 번호표를 보여 주면 락커 문을 열어 준다. 골프복으로 환복을 했으면 락커룸 안에 있는 화장실에서 썬크림을 발라 준다. 락커룸에서 나와서 카트 대기 장소(보통 클럽하우스 뒤편에 있다)에 가면 본인의 골프 클럽을 찾을 수가 있다. 본인이 연습하고자 하는 클럽을 꺼내서 연습장에서 연습을 하고 마지막에 퍼팅 연습그린에서 퍼팅 연습을 하고 티 오프 10분 전에 본인의 카트로 오면 된다.

04

화장실이 어디야?

골프장에서 경기를 하다 보면 계절에 따라 다르지만 수분 섭취를 많이 하게 된다. 남성 골퍼들은 급한 경우 매 홀 티 박스에 도착해서 안 보이는 곳을 찾아 소변을 볼 수가 있지만 여성의 경우는 난감할 수가 있다. 그래서 화장실이 있는 곳이면 요의가 없어도 일부러 화장실에 가서 일을 보고 와야 낭패를 면할 수가 있다. 락커룸에서 나올 때 클럽하우스에서 볼일을 보고 전반전 나인 홀을 도는 중간에 그늘집이 있고 거기에 화장실이 구비되어 있다. 나인 홀을 돌면 다시 클럽 하우스 쪽으로 오는데 그때 화장실을 이용할 수가 있고 후반전 나인 홀 중간에도 그늘집이 하나 더 있다. 18홀을 다 돌면 클럽하우스로 돌아와서 화장실에 갈 수가 있다. 그러나 골프장 상황에 따라 그늘집이 하나밖에 없는 곳도 있으니 화장실에 민감한 분들을 프런트에 문의해서 그늘집은 없어도 화장실은 구비되어 있는지 확인해 놓고 그에 따라 대비를 하고 수분 섭취를 조절하면 좋을 것이다. 필자가 라운딩을 가 보면 화장실에 민감한 분들이 의외로 많이 있어서 그러한 분들이 골프장 화장실에 대해 위치를 알고 있으면 심리적으로도 안정이 되고 여러 가지로 도움이 될 것 같아서 화장실 문제를 다루게 되었는데 본인들이 프런트에 문의해서 자세히 안내를 받으면 불안감을 해소하고 편안하게 골프를 즐길 수가 있을 것이다.

05

간식 시간?

골프장에서 보내는 시간이 약 6시간 정도가 소요되는데 연습 시간과
골프 경기 시간, 그늘집에서의 식사 또는 간식 시간, 골프 경기 후 샤워

시간 등을 합해서 총 6시간이다. 그러면 중간에 식사를 한번 하든지, 아니면 간단하게 간식이라도 먹어야 한다. 독자들께서도 골프 경기를 보면 프로 선수들이 경기 중간중간에 간식을 먹는 것을 보았을 것이다. 보통 골프장은 클럽 하우스 외에 그늘집이 아웃코스에 한 개, 인코스에 한 개가 있다. 그러나 너무 무거운 음식을 많이 먹게 되면 골프 플레이에 방해가 될 수 있으니 가볍고 소화가 잘되는 음식을 먹는 것이 스코어 향상에 유리하다. 지나친 음주나 과식을 한 골퍼들을 보면 다음 홀에서 오비가 나는 것이 다반사이다. 적당히 음식을 먹는 것도 골프 공략의 한 부분임을 명심해야 한다.

주말 골퍼들은 일주일 동안 지친 일상을 골프장에 와서 스트레스를 풀려고 한다. 골프장에 나오면 자연과 접하게 되고 또한 골프장마다 유명한 술안주들이 있으니 술을 한잔하면서 어느새 자연과 동화되어 기분이 상승하고 후반전의 골프 경기는 뒷전이 되고 마는 경우도 있다. 물론 스트레스를 받고 직장 생활을 하는 현대인들의 모습을 잘 알기에 이해가 가는 부분이기도 하지만 비싼 골프 그린피를 내고 골프장의 비싼 음식을 먹으며 정작 골프는 등한시할 거라면 차라리 경치 좋은 야외 식당에 가서 술과 음식을 먹는 것이 더 좋지 않을까 싶다. 진정한 골프의 매력을 찾지 못한 골퍼들이 흔히 하는 실수일 것이다.

요즘 들어 골프장 그린피가 많이 올랐고 음식 값도 시중보다 많이 비싼 것이 사실이다. 이에 공정위도 골프장 업계와 협의하여 표준약관 개정에 따른 절차를 검토한다고 밝힌 바가 있다. 하루 빨리 모든 일이 순조롭게 진행되어 골프를 사랑하는 많은 골퍼들이 조금 더 합리적인 가격에 골프를 즐겼으면 하는 바람이다.

06

경기 방식

골프의 경기 방식은 크게 보면 스트로크 플레이(Stroke play)와 매치 플레이(Match play)가 있다. 스트로크 플레이는 정해진 수의 홀에서 총 타수의 결과로 승부를 정하는 방법이며 제일 적은 타수를 기록한 골퍼가 이기는 방식으로 TV에 나오는 프로 선수들의 경기는 모두 스트로크 플레이 방식으로 경기가 진행된다. 이처럼 공식 경기에서는 보통 스트로크 플레이 방식으로 경기가 진행된다고 보면 무방하다. 매치 플레이는 각 홀마다 승패를 결정하며 각 홀마다 적은 타수로 기록한 골퍼가 승자가 되는데 18홀 중 많은 홀을 승리한 골퍼가 최종 승자가 된다.

1. 스트로크 플레이 방식의 경기 방법

- 싱글(개인, single): 각 경기자가 개인으로서 플레이하는 경기로서 프로들 경기나 아마추어 경기나 모두 이 방식을 거의 사용하고 있다.
- 포섬(foursome): 2명의 경기자가 파트너로서 1개의 볼을 교대로 플

레이하는 경기를 말한다.

- 포볼(four-ball): 2명의 경기자가 파트너로서 플레이하며 각자 자신의 볼로 플레이를 하는데 2명 중 성적이 좋은 골퍼의 점수로 스코어를 정한다. 한 명이 세컨 샷을 깃대에 붙였고 다른 한 명의 세컨 샷이 페널티 구역에 들어갔다면 페널티 구역에 볼이 들어간 골퍼는 그 홀을 포기해도 페널티가 없다.

2. 매치 플레이 방식의 경기 방법

- 싱글(개인, single): 1명이 다른 1명과 플레이하는 매치를 말한다.
- 스리섬(threesomes): 1명이 다른 2명(한 팀)의 파트너와 플레이하며 각 편은 1개의 볼로 플레이하는 매치를 말한다.
- 포섬(foursome): 2명이 다른 2명과 플레이하며 각 편은 1개의 볼로 플레이하는 매치를 말한다.
- 스리볼(three-ball): 3명이 개별적으로 자기 볼을 플레이하여 다른 두 사람과 개별적으로 매치플레이 하는 방식.
- 베스트볼((best-ball): 1인 대 2인, 또는 1인 대 3인의 매치플레이로 인원이 많은 쪽은 각자 자신의 볼로 플레이하여 최소 타수를 기록한 스코어로 1인의 점수와 대항하는 방식.
- 포볼(four-ball): 두 사람씩 파트너가 되어 각자 자신의 볼로 플레이하여 최소 타수를 기록한 점수로 승부를 겨루는 매치플레이 방식으로 홀 공략을 서로 상의하며 플레이 한다.
- 믹스트 포섬(mixed foursome): 남녀 한 명씩을 파트너로 구성하여

두 팀이 겨루는 방식으로 각 팀당 한 개의 볼을 사용하여 번갈아 가며 플레이한다.

3. 그 외 경기 방식

- 스킨스 방식(skins match): 각 홀마다 상금을 걸고 그 홀마다 승자가 상금을 가지는 경기 방법으로 그 홀을 비기면 상금은 다음 홀에 합산된다. 보통 자선 행사 때 이런 방식을 사용한다.
- 스크램블(scramble): 두 사람이 파트너가 되어 각자 티샷을 한 다음 더 좋은 위치의 볼을 선택해서 두 사람 모두 그 위치에서 플레이하는 방식으로 세컨 샷이나 퍼팅도 이러한 방법으로 진행을 한다. 가장 좋은 스코어가 나올 수 있는 방식으로 친선 경기에서 사용된다.
- 어게인스트 파(against par): 각 홀마다 파(0)를 기준으로 보기는 -1, 더블 보기는 -2, 버디는 +1, 이글은 +2, 등으로 표시를 하고 + 점수가 많은 골퍼가 이기는 방식이다.

위 내용처럼 여러 가지 경기 방식이 있으나 공식적인 프로 골퍼들 시합이나 일반 아마추어 골퍼들은 스트로크 플레이의 싱글(개인) 방식을 사용하고 있다.

Chapter 6

골프 장비와
피팅

나의 기술을 의심한 때는 있어도 나의 클럽을
의심할 때는 없다.

- 잭 니클러스 -

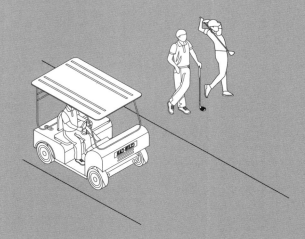

01

골프 장비 구입

    골프를 입문하여 골프 클럽을 처음으로 구입하려는 분들은 절대적으로 새 골프 클럽을 구입하지 말고 중고 채를 구입하시라고 권장하는 바이다. 골프 클럽은 제대로 된 스윙 폼으로 어느 정도 숙달이 되었을 때 스윙 시 헤드 스피드와 자신의 스윙 특성 등을 고려하여 구입을 해야 한다. 골프 스윙을 배우는 단계에서는 위와 같은 내용을 전혀 파악할 수가 없고 설사 풀스윙을 한다고 해도 숙달이 되지 않은 상태라면 본인의 헤드 스피드가 정확히 나오지를 않기 때문에 어설픈 상태에서 골프 장비를 구입하는 것은 아주 잘못된 것이다. 흔히 젊은 친구들 중에는 유명한 브랜드의 머슬백 아이언으로 구입해야 요즘 애들 말로 간지 난다고 하는데 골프는 장비가 아니라 실력이 말을 해 주는 것이다. 그리고 머슬백 아이언은 상급자용으로 볼이 정확히 스윗 스팟(sweet spot: 헤드의 정중앙 부분)에 안 맞으면 비거리도 적게 나가고 방향도 많이 틀어져서 초중급자가 사용하기에는 어렵다. 그러므로 아직 풀스윙을 숙달하지 못한 분들이거나 이제 골프 스윙을 배우시는 분들은 중고 골프채를 구입하기를 권장한다. 요즘은 인터넷에서 중고 골프채를 매매하는 곳도 많고 중고 매물 또한 어마어마하게 많이 나와 있다. 풀 세트로 골프백까지 40~50만 원 선이면 구입할 수가 있다. 10년이 훌쩍 지난 골프채도 전혀 상관이 없다. 중고 채를 구입해서 골프 스윙을 완성하고, 숙달한 뒤 파쓰리 골프장에 가서 필드의 경험을 하며 지속적으로 훈련을 한 다음 자신이 어느 정도 골프 스윙에 자신이 붙고 스윙 스피드도 괜찮다 싶을 때 아래의 골프 클럽 구입 요령을 참고해서 골프 클럽을 구입하길 바란다.

1. 골프 클럽 구입 요령

앞에서 언급했듯이 골프 클럽은 14개까지 구성할 수가 있다.

드라이버 1개, 퍼터 1개와 예를 들어 아이언 구성이 5, 6, 7, 8, 9, P, A, S(8개), 그러면 이것만 기본적으로 10개가 되는데 여기에서 남성은 우드 3번, 우드 5번, 유틸리티 4번, 웨지 58도나 60도 정도로 보통 구성을 하고 여성은 우드 3번(로프트 각: 15도), 우드 5번(18도), 우드 7번(21도), 유틸리티 5번(24도) 정도로 구성을 하는데 여기에서 중요한 것은 회사마다 우드와 유틸리티의 로프트 각이 틀리기 때문에 우드 3번, 5번 등으로 보지 말고 이 회사의 우드 3번은 로프트 각이 몇 도인지 확인을 해야 한다. 우드와 유틸리티의 로프트 각이 겹치면 안 되기 때문에 대략적인 도수를 괄호 안에 적어 둔 것이다. 또한 남성의 아이언 클럽의 경우 5번부터 P(피칭 웨지)까지 6개 아이언으로 구성된 제품도 많이 있다. 그러면 두 개의 웨지를 더 구성해야 하는데 보통 피칭 웨지가 48도이면 52도 웨지와 56도 웨지를 4도 차이로 구성하면 된다. 여기에서 드라이버와 우드 그리고 유틸리티는 같은 브랜드의 제품을 선택하는 것이 좋으며 아이언과 웨지도 자신이 원하는 같은 브랜드의 제품을 고르는 것이 좋다. 퍼터도 자신이 원하는 브랜드를 선택해서 그립을 잡았을 때 퍼팅하기 편안한 퍼터를 선택해서 시타를 여러 번 해 보고 구입하길 바란다.

다시 한번 강조하지만 너무 상급자용으로 클럽을 구입하다 보면 미스 샷을 할 확률이 높아진다. 드라이버와 우드 그리고 유틸리티는 자신이 자신의 스윙을 종합적으로 판단했다 하더라도 다른 스펙의 클럽도 비교해 가면서 시타해 보길 바란다.

2. 아이언 헤드의 종류

아이언의 헤드를 만들 때 연철을 두드려서 만든 것을 단조 아이언이라고 하고 틀에다가 쇳물을 부어 만든 것을 주조 아이언이라고 한다.

단조 아이언은 미세한 컨트롤을 하기에 용이하고 일체감이 있어서 스핀도 잘 걸린다는 장점과 타구감이 좋기 때문에 상급자들이 많이 애용을 하고 있다. 반면 주조 아이언은 다소 복잡한 구조도 만들 수가 있고 관용성이 뛰어나다. 관용성이란 공이 정확한 스윗 스팟에 안 맞아도 크게 미스 샷이 안 나고 똑바로 공이 날아간다는 의미이다.

아이언의 형태를 보면 뒷면이 움푹 파인 것을 캐비티백이라고 하는데 주로 주조 방식으로 생산이 된다. 아이언의 뒷면이 안 비어 있는 것을 근육과 비슷한 형태라고 해서 머슬백이라고 하는데 주로 단조 방식으로 생산이 된다. 머슬백은 주로 상급자가 사용을 하였으나 요즘에는 캐비티백도 상급자가 사용할 수 있도록 개량되어 나오기도 하고 머슬백도 중급자들이 쉽게 사용할 수 있도록 만들어져 나오고 있으며 최근에는 비거리와 관용성이 좋은 중공 구조로 생산된 아이언이 나오고 있으나 거리 편차가 조금 있는 편이라 아직까지는 단조 아이언을 많이 사용하고 있다.

아이언과 웨지는 선택의 폭이 넓지는 않으나 아이언 헤드는 보기 플레이어 정도의 실력은 캐비티백을 권장하는 바이다. 싱글 플레이어 이상은 머슬백을 구입해도 큰 무리는 없으나 많은 미스 샷이 나온다. 프로 선수 중에도 캐비티백 아이언으로 우승한 선수들이 화제가 되기도 한다. 골프는 요즘 말로 간지 나는 클럽이 우선이 아니라 스코어가 말을 해 주는 것이다.

3. 샤프트

1) 플렉스 종류

- X(Extra stiff): 아주 단단한 샤프트로 프로 선수들이나 스윙 스피드가 아주 높은 골퍼에 적합하다.
- S(Stiff): 단단한 샤프트로 힘이 좋은 골퍼나 스윙 스피드가 높은 상급 골퍼에 적합하다.
- SR(Stiff Regular): 레귤러보다 강하고 스티프보다는 약한 중간 정도의 플렉스이다.
- R(Regular): 평균적인 남성 아마추어 골퍼나 프로 여성 골퍼가 많이 사용한다.
- A(Average): 부드러운 샤프트로 힘이 없는 시니어 골퍼들에게 적합

하다.

- L(Ladies): 아주 부드러운 샤프트로 보통 아마추어 여성 골퍼들에게
적합하다.

본인에게 맞지 않는 플렉스를 사용하면 비거리 감소와 방향이 똑바르지 않기 때문에 골프 클럽을 구입할 때 제일 중요한 요소이다. 반드시 주의할 점은 브랜드마다 플렉스의 cpm 수치가 다르고 cpm 측정 기계마다 진동수에 차이가 있다는 것이다. 가령 A사의 R 플렉스가 B사의 R 플렉스에 비해 cpm 수가 오히려 클 수도 있고 작을 수도 있다. 그래서 각 브랜드마다 제품의 플렉스와 cpm이 제품 설명에 적혀 있으며 혹시 제품 설명이 안 되어 있는 제품이 있으면 해당 회사에 문의하기 바란다. 또한 미국 스펙과 일본 스펙에서도 차이가 나며 미국에서 생산된 아시안 스펙도 다르기 때문에 cpm 진동수에 따라야 정확한 플렉스를 선택할 수가 있다. 아래의 표를 기준으로 참고하길 바란다.

▶ **샤프트 강도**

플렉스	X	S	SR	R	A	L
cpm 진동수	260	250	240	230	220	210
속도	매우 빠름	빠름	약간 빠름	보통	약간 느림	느림
헤드 스피드 (마일)	105마일 이상	100~104 마일	95~99 마일	85~94 마일	73~84 마일	72마일 이하

위의 표는 대략적인 플렉스와 cpm을 표시한 것이며 cpm 측정기마다 다르기 때문에 절대적인 것은 아니다. 헤드 스피드는 스크린에 가서 본

인이 스윙을 하면 볼 스피드가 나오는데 그 수치에 1.5를 곱하면 대략적인 헤드 스피드가 마일(mph: mile per hour)로 환산이 된다. 그것이 바로 본인의 헤드 스피드이다. 그러나 한두 달 스윙 연습을 하여서는 정확한 본인의 헤드 스피드가 나오기는 힘들기 때문에 적어도 5~6개월은 스윙 연습을 꾸준히 해야 한다.

2】샤프트 무게

샤프트의 무게는 아이언의 경우 스틸은 약 110g~130g, 경량스틸은 약 80g~110g, 카본은 약 50g~80g이다. 탄도가 낮고 스핀양이 적은 골퍼는 좀 더 가벼운 샤프트를 선택하면 탄도는 높이고 스핀양은 조절 할 수 있다. 또한 샤프트의 무게를 늘리면 좌우편차를 줄이고 방향성을 높일 수가 있다. 드라이버의 경우는 모두 카본으로 되어 있으며 남성은 약 50g~80g 정도이고 여성은 약 45g~50g 정도를 사용하는데 플렉스는 같아도 무게는 좀더 가벼운 것을 사용할 수 도 있다. 피팅숍에서 드라이버를 맞춘다면 자신의 특성에 맞게 모두 갖출 수는 있겠지만 기성품을 구입할 때는 보통 자신이 원하는 샤프트의 플렉스와 중량을 선택하면 토크와 킥 포인트 등이 정해져 있거나 혹은 그렇지 않더라도 선택의 폭은 짧다. 골프클럽을 구입할 때는 본인의 특성에 맞게 골프 클럽을 설계하여 매장에서 시타를 여러 번 해 보고 구입을 하면 되는데 주의할 점은 매장에서 시타하기 전에 연습장에서 충분히 몸을 풀고 매장에 가야 제대로 시타를 할 수가 있으니 꼭 몸을 풀고 가길 바란다.

3】토크(Torque)

토크란 샤프트의 비틀림 값을 수치로 나타낸 것이다. 토크 값이 제조사마다 다른데 대략 1.5~6.0까지 토크 값이 주어진다. 샤프트가 강할수록 비틀림이 적고 샤프트가 약할수록 비틀림이 많은데 높은 토크 샤프트는 스윙 스피드가 느린 골퍼에게 적당하고 낮은 토크 샤프트는 스윙 스피드가 빠른 골퍼에게 적당하다. 스윙 스피드가 보통인 골퍼(남성 드라이버 비거리: 200m~220m)에게는 4.0~4.4의 토크 값이 적당하다.

4】킥 포인트(Kick Point)

킥 포인트란 스윙할 때 샤프트의 휘어짐이 가장 큰 부분으로 보통 하이, 미들, 로우로 나눠지는데 하이는 그립 쪽에 가깝고 로우는 헤드 쪽에 가깝고 미들은 하이와 로우의 중간에 위치한다. 킥 포인트의 위치에 따라 볼의 탄도와 방향성에 영향을 주는데 하이는 스윙 시 어택 앵글(임팩트 시 헤드가 볼에 맞는 각도)이 완만하게 형성되면서 볼이 낮은 탄도로 날아가며 힘이 강한 골퍼에 적합하나 슬라이스가 나기 쉬우므로 훅이 나는 골퍼에게 유리하다. 로우는 볼이 높은 탄도로 날아가며 힘이 약한 골퍼에 적합하고 하이와는 반대로 훅이 나기 쉬우므로 슬라이스가 나는 골퍼에게 유리하다. 미들은 볼이 중간 정도의 탄도로 날아가며 보통의 골퍼들이 많이 사용하는 스펙이다. 자신이 현재 사용하고 있는 샤프트가 로우인데 훅이 난다면 미들 정도를 선택하면 된다. 샤프트 선택에 있어서 브랜드마다 몇 개의 정해진 샤프트들이 있다. 그 정해진 샤프트 스펙을 확인하고 나에게 맞는 샤프트를 선택하면 된다. 하지만 제조사마다 표기해 놓은 수치가 정확할 수는 없기 때문에 반드시 매장에 가서 자신이 생각한 스펙으로 시타를 해 보고 구입하길 권장한다.

5】팁(Tip)

팁은 샤프트의 헤드가 맞물리는 지점의 샤프트 지름이다.

6】버트(Butt)

버트란 샤프트의 그립을 넣는 지점의 샤프트의 지름이다. 골퍼가 스윙할 때 임팩트 시 라이 각이 유지되는 길이로 샤프트를 컷팅하여 조절하게 되는데 팁과 버트 어느 쪽을 컷팅하느냐에 따라 킥 포인트에 영향을 줄 수가 있다.

4. 그립의 굵기

선택한 샤프트의 그립은 조금 굵은 것을 또는 조금 가는 것을 끼울 수가 있다. 골퍼의 손 크기보다 그립이 굵으면 손목이 경직되어 슬라이스와 비거리가 짧아지고 반대로 골퍼의 손 크기보다 그립이 얇으면 손목이 과도하게 쓰여 훅이 발생할 수가 있다. 골퍼가 왼손으로 그립을 잡았을 때 약지 손가락이 손바닥에 살짝 닿으면 적당하다. 또한 그립의 중량은 긴 클럽일수록 가볍고, 짧은 클럽일수록 무거운 것으로 한다. 처음 클럽을 구입할 때는 선택의 폭이 좁으나 그립이 닳아서 새로 바꿀 때는 언제든지 교체가 가능하다.

5. 클럽의 길이

버트에서 언급한 것과 같이 임팩트 시 라이 각이 유지되고 어드레스 시 자신의 신체와 맞게 적당한 길이로 맞춰야 한다. 시타를 통해 브랜드 마다 취급하는 길이를 선택하면 된다.

6. 라이 각

라이 각은 헤드를 지면에 놓았을 때 지면과 샤프트와의 각도를 말하는데 골퍼의 임팩트 시 라이 각은 볼의 정확성과 방향성에 영향을 준다. 그래서 클럽의 길이를 통해 골퍼에 맞게 라이 각을 맞추는 것이다. 매장에서 시타를 하면 화면에 라이 각이 나타난다. 그 수치를 토대로 본인의 임팩트 시 라이 각을 알아볼 수가 있고 본인에게 맞은 라이 각을 조절할 수가 있다.

7. 로프트

로프트는 클럽 페이스의 각도로서 로프트가 클수록 볼의 탄도가 높아지고 로프트 각이 작을수록 볼의 탄도가 낮아진다. 아이언의 경우에는 제조사별로 로프트 각이 조금 상이하긴 하지만 거의 1도~2도 정도로 차이가 난다. 예전에는 7번 아이언을 기준으로 34도~36도 사이에 로프트 각이 이루어졌는데 요즘에는 34도 이하로 내려가는 추세이다. 드라이버의 경우는 보통 남성용이 7도, 9도, 9.5도, 10.5도 정도이고 여성용은 11

도, 11.5도, 12도, 12.5도 정도인데 여성용이 로프트 각이 높은 것은 남성보다 힘이 약하기 때문에 볼이 조금 더 높게 날아가야 비거리가 더 나오기 때문이다. 반대로 남성은 높은 로프트 각이 있는 드라이버로 스윙을 하면 볼이 멀리 나가지 않기 때문에 로프트 각이 여성보다 작은 것이다. 보통 드라이버의 발사각은 12도~15도 사이가 제일 높은 비거리를 낸다고 하는데 이것은 비거리가 어느 정도 나오는 남성의 경우이고 비거리가 짧게 나오는 여성의 경우는 이것보다는 훨씬 높은 발사각으로 볼이 날아가야 보다 높은 비거리를 낼 수가 있을 것이다. 드라이버는 플렉스와 그립 굵기, 클럽의 길이 등을 정하고 매장을 방문하여 로프트에 따른 시타를 꼭 해 보고 구입하길 권장한다. 보통 거리가 많이 나갈수록 로프트 각이 작고 거리가 짧을수록 로프트 각이 높은 게 유리하나 골퍼의 스윙 특성에 따라 달라질 수가 있기 때문에 꼭 시타를 권장한다.

8. 스윙 웨이트

스윙 웨이트란 클럽의 총중량보다 스윙할 때 느끼는 무게로서 헤드 쪽에 어느 정도 무게가 실려 있는지를 말하는 것이다. 다시 말해 전체 무게는 동일하나 헤드 쪽에 실린 무게가 커지면 스윙할 때 더 무겁게 느껴지고 스윙 웨이트 값은 커진다. 스윙 웨이트는 A, B, C, D, E로 5단계로 나뉘는데 E로 갈수록 무겁다. 단계마다 0부터 9까지 있으며 보통 여성용 클럽의 스윙 웨이트는 C0~C7 정도이고 여성 프로 골퍼나 일반 남성들의 스윙 웨이트는 C8~D2 정도이며 상급 골퍼나 남성 프로 골퍼는 D4~D9 정도의 무거운 클럽을 사용한다. 미국 프로 골퍼 중에서는 이보다 더 무

거운 클럽을 사용하는 경우도 있다. 헤드 스피드가 같다면 무거운 클럽
이 임팩트 시 스피드가 더 나지만 너무 무거운 것을 쓰면 최상의 스피드
를 내기는 어려우므로 자신에게 맞는 무게를 찾는 것이 중요하다. 매장
에 가면 종류별로 시타 채를 구비해 놓았으니 꼭 시타를 하여 편안한 스
윙과 비거리를 비교하기 바란다.

9. 관성 모멘트(MOI: Moment of Inertia)

관성 모멘트란 회전하고 있는 물체가 회전을 지속하려고 하는 크기를
나타내는 것을 말하는데 즉, 골프의 관성 모멘트란 골프 클럽을 스윙하
여 볼을 쳤을 때 공이 클럽 페이스의 중심에 맞지 않으면 클럽이 좌우로
흔들리게 되는데 이때 흔들리지 않는 클럽의 저항력을 말한다. 관성 모
멘트가 클수록 공은 똑바로 나가려는 성질이 있다. 그래서 초보자와 중
급자들은 관성 모멘트가 큰 드라이버 헤드와 캐비티백 아이언을 사용하
는 것을 권장하는데 캐비티백 아이언은 무게 중심을 조금 더 좌우로 분
산시켰기 때문에 볼이 스윗 스팟에 안 맞아도 헤드가 크게 흔들리지 않
아 볼이 똑바로 멀리 날아간다.

그것과는 반대로 머슬백 아이언은 캐비티백 아이언보다 헤드크기가
작으며 무게 중심이 헤드 중앙에 있어서 약간의 실수에도 공이 엉뚱한
곳으로 날아가게 된다. 그만큼 관용성이 떨어지는 것이다. 하지만 원하
는 구질을 잘 만들 수가 있고 상급자는 컨트롤을 잘할 수가 있기 때문에
머슬백을 선택하는 것이다.

골프 장비는 멋을 부리는 것이 아니고 최상의 스코어를 만들기 위해

나에게 최적화된 장비를 사용해야 하는 것이다. 세월이 지나면 비기너들도 조만간 머슬백 아이언을 사용할 수도 있을 것이나 머슬백 아이언이 다 좋은 것은 아님을 알아야 한다. 앞 장에서도 언급한 바와 같이 프로 선수들도 캐비티백 아이언으로 우승을 하는 것을 종종 볼 수가 있다. 요즘은 머슬백 스타일로 관용성이 뛰어난 골프 클럽도 출시되고 있으니 여러 번 시타를 통해 구입하시길 바란다.

02

퍼터

    골프를 처음 접하게 되면 골프 스윙에 집중하게 되어서 퍼팅에 대한 생각을 별로 하지 않게 된다. 그저 퍼터를 잡고 홀컵에 볼을 집어넣으면 된다는 단순한 생각을 갖게 된다. 하지만 몇 번의 필드를 경험하게 되면 그때 가서야 퍼팅이 가장 중요하다는 것을 깨닫게 된다. 더군다나 친구들과 작게나마 내기 골프를 칠 때 더욱 빠르게 퍼팅의 중요성을 알게 된다. 또한 그 홀에서 같은 타수가 되면 다음 홀로 내기가 연장이 되는데 이렇게 몇 번의 홀이 연장이 되면 큰판이 만들어지기도 한다. 이럴 때 초보 골퍼들은 너무 긴장을 하여 퍼터를 잡고 있는 손을 떨기도 하는데 이것은 퍼팅 연습이 충분하지 않고 아직 퍼터를 잡은 그립감도 어색하며 거리 감각도 떨어지기 때문이다. 앞 장에서도 언급한 바와 같이 집에서나 사무실에서 퍼터를 가지고 놀아야 필드에서 큰 실수 없이 그린에 올려진 볼을 한두 번만의 퍼팅으로 홀 아웃을 하게 되는 것이다.

    퍼터의 종류로는 헤드가 일자로 되어 있는 블레이드 퍼터와 헤드가 반달형으로 되어 있는 말렛 퍼터가 있다.

블레이드 퍼터는 헤드의 토우 쪽에 무게 중심이 있어서 인 투 인으로 퍼팅을 하는 골퍼에게 유리하며 미세함과 정교함이 필요한 퍼터이므로 남성 상급자 골퍼들이 많이 사용하고 있다.

말렛 퍼터는 헤드 페이스부터 백 페이스까지 무게 중심이 고르게 퍼져 있으므로 관용성이 뛰어나다. 거리감은 다소 떨어지나 방향성 면에서는 우수하므로 초중급자에게 유리하며 남성이나 여성 골퍼 모두가 많이 사용하고 있다.

또한 롱 퍼터를 블룸 스틱 또는 암락 퍼터라고 한다. 이 퍼터는 샤프트의 길이가 39~45인치가 넘는 퍼터를 말하는데 이 퍼터는 가슴 가깝게 왼손으로 잡고 오른손을 이용하여 퍼팅을 하는데 그립 끝을 몸에 대고 퍼팅을 하면 안 된다. 가끔 프로선수들이 롱 퍼터를 이용하여 퍼팅하는 모습을 본 적이 있을 것이다.

퍼터에서 중요한 점은 골퍼의 신장과 체격에 맞게 퍼터 길이를 조정하는 것이다.

어드레스를 한 상태에서 그립을 잡았을 때 그립 끝이 왼 손목에 맞게 오도록 조정을 하여 퍼팅을 해야 거리감이나 방향성에 대해 보다 정확히 접근할 수가 있게 된다.

또한 퍼터는 넥 라인에 따라 여러 가지가 있는데 넥 라인은 퍼터의 헤드 부분과 샤프트와 연결되는 부분으로 헤드위치가 샤프트보다 뒤에 위치한 플럼버 넥, 그리고 플럼버 넥과 비슷한 모양이지만 샤프트가 수직이 아닌 대각선으로 꺾여 있는 슬랜트 넥, 호젤이 없이 굴곡진 샤프트로 된 벤드 넥, 헤드 가운데 부분에 샤프트가 꽂혀 있는 센터 넥이 있다. 하지만 필자는 가장 일반적이며 다루기가 쉽고 볼에 회전력을 높여 주는 형태인 플럼버 넥을 권장한다. 물론 각각의 형태마다 장단점이 있겠지만 많은 프로 선수들이 플럼버 넥을 사용한다는 것은 그만큼 우수하다는 반증일 것이다.

퍼터의 그립도 굵기에 따라 보통 4가지 종류가 있는데 스탠다드 그립, 미드 사이즈 그립, 점보 사이즈 그립, 그리고 제일 두꺼운 슈퍼 점보 사이즈 그립이 있다.

그립의 두께에 따라 장단점이 있겠지만 대표적으로 그립이 제일 얇은 스탠다드 그립은 손의 감각이 더 크게 느껴져서 헤드의 무게를 잘 느낄 수가 있다. 반면 그립이 제일 두꺼운 슈퍼 점보 사이즈는 손에 감기는 그립의 느낌이 안정적이면서 스트로크의 일관성을 높여 준다. 하지만 골퍼마다 손의 크기도 다르고 느낌도 다르기 때문에 퍼터 구입 시에는 골프 매장을 직접 방문하여 여러 가지 퍼터를 직접 시타해 보고 자신에게 잘 맞는 제품을 신중하게 선택하시길 바란다.

03

멀리 나간다고 좋은 게 아닌데

1. 80%의 스윙

골프를 즐기다 보면 동반자들 중에는 온몸을 흔들어 가며 있는 힘껏 스윙을 하는 분들이 종종 있다. 프로 선수들도 자신의 힘을 80% 정도로 스윙을 한다고 하는데 오히려 스윙 자세가 똑바르지 않는 아마추어들은 70% 정도의 힘으로 스윙을 해야 하지 않을까 싶다. 물론 드라이버는 멀리 보내 놓을수록 좋다 하지만 아이언은 클럽마다 자신의 거리가 있기 때문에 그 거리를 편하게 스윙을 하면 되는데 굳이 온 힘을 다해 멀리 보내려는지 도무지 이해가 안 될 때가 있다. 그러다 보니 미스 샷도 나오고 볼도 좌우측으로 많이 날아간다. 예를 들자면 7번 아이언 기준으로 140m를 편하게 치는 사람이 굳이 다른 동반자가 7번 아이언을 160m 보낸다고 자신도 160m는 못 보내도 150m를 보내려고 온 힘을 다 쓰고 샷을 한다. 골프는 거리 자존심 경기가 아니라 스코어로 승패가 결정되는 경기이다. 필자는 자신이 편하게 스윙한 거리를 기준으로 거리를 측정해서 샷을 한다면 최소 10타는 줄일 것이라 장담한다.

2. 웨지 샷

웨지 샷은 거리에 따라 20~80%의 힘으로 견고한 스윙을 해야 하기 때문에 더욱 힘 조절에 신중을 기해야 한다. 보통 샌드 웨지가 56도 정도인데 샌드 웨지가 80m 나가면 최고의 거리이다. 그런데 굳이 90m가 남아도 샌드 웨지를 고집하고 있는 힘껏 스윙을 한다. 그러다 보면 대부분 좌측으로 잡아당기게 되어 볼은 좌측으로 날아간다. 스윙은 가급적 편안하게 70~80% 정도의 힘으로 스윙을 해서 거리를 맞추는 것이 최선이다. 거리가 80m 남으면 보통 샌드 웨지로 치지만 경우에 따라서는 50도 웨지로 60%의 힘만으로 컨트롤하여 샷을 하기도 한다. 물론 드라이버는 거리가 많이 나갈수록 유리한 것은 맞지만 너무 무리해서 샷을 하면 오히려 안 좋은 결과를 낳게 된다. 아이언 샷이나 웨지 샷은 골퍼가 보내고자 하는 거리만큼만 보내면 되는 것이기 때문에 무리하지 않고 자신에게 맞는 클럽을 선택하여 힘을 빼고 스윙하면 되는 것이다. 이 글을 읽는 독자분들께서는 절대 욕심내지 말고 70~80%의 힘으로 아주 편안한 스윙을 하시길 바란다.

04

골프채는 한 번 사면 계속 사용해도 되나?

    골프채를 구입한다면 적지 않은 비용이 들어갈 것이다. 처음 골프를 배우시는 분들은 앞서 말했듯이 40~50만 원 정도의 가방이 포함된 풀 세트를 구입해서 사용하면 되지만 세월이 흘러 실력이 쌓이면 새 제품을 구입을 해야 한다. 그런데 골프 클럽은 한 번 구입해서 영구히 사용하는 것은 아니다. 퍼터는 사실 오랜 기간 사용할 수가 있으며 웨지는 어프로치를 위해 사용하는 클럽이라 헤드 면에 줄처럼 홈이 파인 것을 그루브라고 하는데 이 부분이 닳아지면 백스핀이 덜 걸리게 된다. 그린에 볼을 세워야 하는데 그린에 볼을 올려도 계속해서 굴러가면 그린을 지나 프린지(Fringe)에 걸리고 만다. 본인이 그린에 볼을 올렸는데 스핀이 잘 먹지를 않는다면 샷을 잘못해서 그럴 수도 있으니 다시 한번 점검해 보고 만일 그루브가 닳았으면 교체를 하면 되는데 사실 프로가 아닌 다음에야 웨지도 오랜 기간 사용할 수가 있다. 아이언은 제일 오래 쓰는 골프 장비이다. 필자도 아이언을 20년 가까이 사용하고 있으며 요즘에서야 교체할 생각을 가지고 있다. 드라이버는 많이 사용하면 앞장에서 설명한 토크 값(샤프트의 비틀림)이 떨어지게 된다. 많이 사용한 드라이버를 cpm 측정기에 물려 놓고 튕겨 보면 일자로 진동하지를 않고 8자로 왔다 갔다 한다. 이런 정도면 샤프트 교체 시기가 지난 것이다. 우드와 유틸리티도 마찬가지이지만 드라이버보다는 교체 시기가 길다. 그러나 20년이 지난 제품을 그대로 사용하면서 싱글을 치시는 분들을 종종 보게 되는데 그분들의 공통점은 드라이버와 웨지만 교체를 했다는 것이다. 독자분들도 골프 클럽을 잘 관리하여 아이언은 20년 정도 사용하길 권장하는데 이것은 70~80% 정도의 힘만으로 스윙을 해야 가능한 일일 것이다.

05

골프 피팅은 해야 하나?

어떤 친구는 골프공이 하도 안 맞아서 피팅숍에서 완전히 개조를 해 왔다고 한다. 또 다른 친구는 이번에 드라이버를 새로 피팅숍에서 맞춰 왔다고 자네들 다 죽었다며 동반자들에게 엄포를 놓기도 한다. 둘 다 틀린 말은 아니다. 하지만 앞에서 설명했듯이 골프 장비 구입 시 여러 가지 요소들을 숙지하고 비거리가 짧은 분들이나 심한 슬라이스나 악성 훅이 나는 분들은 개인 특성을 고려하여 골프 클럽을 선택하면 되는데 중요한 것은 본인의 골프 스윙이 올바로 이루어지고 있는가 하는 점이다. 위의 두 친구도 처음에는 볼이 잘 맞다가 다음 라운딩 때는 볼이 잘 안 맞아서 스윙을 자세히 살펴보니 지난번하고는 또 다른 스윙을 하고 있는 것이다. 이렇듯 스윙이 온전히 자신의 스타일대로 훈련이 안 되었다면 수시로 스윙이 바뀌게 되는 것이다. 이러한 골퍼가 비싼 돈을 지불하고 피팅을 한다면 돈만 날리고 아무 소용이 없게 되는 것이다. 물론 예를 들어 당장에 심한 훅이 난다면 임시방편으로 납테이프를 붙여서 악성 훅이나 슬라이스를 잡을 수는 있지만 중요한 것은 기본기를 제대로 갖춘 스윙을 만드는 데 노력을 해야 한다는 것이다.

　위의 골프 클럽 구매 요령대로 구입을 하여 기본기를 갖춘 스윙을 하면 심한 슬라이스나 악성 훅은 발생하지 않는다. 이렇게 구입한 클럽으로 골프를 즐기다 보면 어느새 싱글의 반열에 올라서게 되는데 이때는 자신의 스윙을 하고 있기 때문에 어느 정도 피팅을 통해서 자신이 원하는 구질을 마음대로 구사할 수도 있고 비거리와 방향성도 개선될 수가 있다. 자신의 스윙이 완성될 때까지 열심히 연습하여 골프 피팅의 신세계도 경험하길 바란다.

06

골프 전문 용어?

　골프를 즐기다 보면 골프장에서 은어를 많이 사용하곤 하는데 보통 비기너들은 동반자들이 하는 말을 이해할 수가 없다는 듯 그 말이 무슨 뜻이냐고 되물어 보곤 한다. 여기에 기술한 골프장 은어는 보통 우리나라에서만 사용되는 은어이다. 하지만 서두에서도 말했듯이 골프는 신사의 스포츠이다. 과도하게 은어를 사용하는 것은 자제하고 상황에 맞게 적절히 사용한다면 분위기도 좋아지고 즐거운 골프를 하게 될 것이다.

　- 라베: 라스트 타임 베스트 스코어의 줄임말로 인생에서 최고로 잘 친 스코어를 기록했을 때.
　- 배꼽 나왔네: 티 박스에서 티샷존보다 앞쪽에 티를 꽂았을 때.
　- 백돌이: 스코어가 100개 정도인 골퍼.
　- 뱀 샷: 볼이 뜨지 않고 잔디를 스치며 날아갈 때.
　- 뽕 샷: 티 샷 할 때 볼이 앞으로 멀리 날아가지 않고 위로만 높게 올라갔다가 떨어질 때.

- 쪼로: 티샷 할 때 공의 윗부분을 쳐서 공이 멀리 날아가지 않는 경우.
- 비투비: 벙커에서 탈출한 볼이 다시 벙커로 들어갔을 때.
- 손오공: 손님께서 오늘 가장 잘 치신 공, 캐디가 골퍼에게 칭찬하는 말.
- 오잘공: 오늘 제일 잘 친 공.
- 어잘공: 어쩌다 잘 친 공.
- 일파만파: 첫 홀에서 한 명이 먼저 파를 하고 뒤이어 동반자 모두 파를 기록하는 경우.
- 무파만파: 첫 홀에서 아무도 파를 못했는데 동반자 모두 파로 기록하는 경우.
- 구찌: 샷을 하는 골퍼에게 방해 공작으로 멘탈을 흔들어 놓을 때.
- 벙신: 벙커에서 탈출을 너무 잘했을 때.
- 어신: 어프로치 샷을 너무 잘했을 때.
- 벙전: 샷 한 볼이 벙커에 빠지지 않고 벙커 앞에 떨어졌을 때.
- 막창: 코스 외 지역으로 볼이 나간 경우.
- 도로공사 협찬: 날아간 공이 카트 도로를 맞고 더 멀리 나갔을 때.
- 닭장 프로: 연습장에서는 잘 치는데 필드에서는 못 치는 경우.
- 알까기: 공을 못 찾은 상황인데 몰래 가져간 공을 내려놓고 찾았다고 할 때(절대 하면 안 됨).
- 돈가스: 디봇이 공과 함께 날아갈 때.
- 아우디: 4홀 연속 파를 기록할 때.
- 온탕냉탕: 그린 주변에서 너무 세게 쳐서 그린에 볼을 올리지 못하고 자꾸 그린 밖으로 볼이 나갈 때.
- 오바마: '오케이 바라지 말고 마크 하세요.'의 줄임말.

- 나이키: 나이키의 로고처럼 공이 휘어져 날아갈 때.

- 제주도온: 그린에 볼을 올렸지만 홀컵과 거리가 너무 멀 때.

- 목생도사: 볼이 잘못 맞아 날아가지만 나무에 맞으면 살고 도로에 맞
  으면 죽는다고 표현할 때.

07

골프 회원권

골프 회원권이란 골프장과의 회원가입 계약에 따라 골프 회원증이 발급되고 골프 회원증에 의하여 골프장 및 골프장의 부대시설을 일반인보다 우선적으로 사용하거나 요금 할인 및 기타 서비스의 제공을 받을 수 있는 권리로서 개인과 법인으로 나뉜다. 골프 회원권은 지방세법상 취득 시에는 취득세를 양도 할 때는 양도소득세를 내야 한다.

1. 골프 회원권의 종류

- 주중 회원권: 주중 예약 권한 및 할인 혜택.
- 주말 정회원권: 주중, 주말 예약 권한 및 할인 혜택.
- 주중 무기명 회원권: 주중 예약 권한 및 할인 혜택, 불특정인 이용 가능하며 회원 혜택은 1명에서 4명까지 상이함.
- 주말 무기명 회원권: 주말 예약 권한 및 할인 혜택, 불특정인 이용 가능하며 회원 혜택은 1명에서 4명까지 상이함.

- 연 회원권: 골프장에 1년간 소멸성 입회금을 납입하고 회원 혜택을 받는 회원권으로 주로 주중에 이용할 수 있다.
- 주주 회원권: 회원권도 있으며 골프장의 주식 지분을 갖고 있는 회원권으로 골프장마다 의결권이 있는 곳도 있고 의결권이 없는 곳도 있다.

이외에도 골프 회원권 중개법인 등에서 많은 골프장과 제휴하여 여러 가지 상품을 내놓기 때문에 회원권에 관심 있는 독자께서는 한국골프회원권 경영인 협회에 등록된 골프 회원권 거래소에 문의하시기 바란다. 골프 회원권은 사고가 나는 경우가 종종 있으니 상품의 속성도 잘 파악하고 거래소도 믿을 만한지 잘 확인해야 한다.

골프 회원권은 주식처럼 회원권 가격이 올라갈 수도 있고 내려갈 수도 있다. 골프장 회원권으로 재미를 본 사람도 있지만 반대로 골프장 회원권 가격이 떨어진 곳도 있다. 골프장마다 회원권 시세는 인터넷을 검색하면 나와 있으니 참고하기 바란다. 이제 골프장 회원권은 투자를 하면서 골프도 저렴한 가격으로 즐긴다는 개념이다. 일반 골프 회원권은 해당 골프장만을 이용할 수가 있지만 여러 개의 골프장을 연계해서 회원권을 설계하여 판매하는 곳도 있으니 본인에게 맞는 회원권을 꼼꼼히 따져 보고 구입하길 바란다. 회원권 매매는 보통 계약금 10%를 주고 그동안 매매 서류를 준비하여 잔금을 치루고 등록을 하면 되는데 보통 2주~3주 정도가 소요된다. 회원권을 구입할 때 마지막으로 고려해야 할 것은 본인과 본인의 지인들이 거주하는 근처이거나 평상시 많이 이용하는 골프장이며 앞으로도 지인들과 많이 이용할 것이라고 예상되는 골프장이어야 한다는 것이다. 회원권만 구입하고 이용을 안 한다면 투자 가치로도 떨어지게 되므로 신중히 결정을 해서 즐거운 골프를 즐기시길 바란다.

Chapter 7

골프
기본 규칙

나는 항상 실수를 줄이려고 노력한다.
하지만 실수해도 실망하는 일은 없다.
분명 중요한 것은 그 실수로 인해
내가 새로 배운 것이 있다는 것이다.

- 타이거 우즈 -

01

기본 규칙

본 규칙은 아마추어가 제일 많이 경기하는 스트로크 플레이 방식에 대한 규칙을 중점적으로 다루었다. 또한 본문에서 다루었던 내용들과 아마추어 골퍼에게는 해당되지 않는 내용들, 그리고 잘 일어나지 않는 상황들은 과감히 배제하였고 골프 경기 중 자주 일어날 수 있는 상황에 대해서 기술하였다.

차후에 필드에서 처음 겪어 본 상황이 발생하거나 궁금한 사항이 있으면 캐디에게 문의하여 골프 규칙이나 해당 골프장의 로컬룰에 대해 알려 주는 대로 경기를 진행하면 된다.

골프는 클럽으로 볼을 쳐서 18개의 홀로 이루어진 라운드를 플레이하는 것이다.

각 홀은 티잉 구역에서 시작하여 퍼팅그린에 있는 홀에 볼이 들어가야 그 홀의 경기가 끝나는 것인데 이때 플레이어는 코스를 있는 그대로 플레이하고 볼을 놓인 그대로 플레이하여야 한다. 물론 수리지 같은 곳에 볼이 있을 때는 페널티 없이 볼을 옮겨 구제받을 수가 있다.

모든 플레이어는 성실하게 행동하고 다른 사람을 배려하며 코스를 보호하여야 한다.

플레이어는 위원회가 채택한 모든 경기 조건을 준수하여야 하며 스스로 규칙을 적용할 책임이 있다.

플레이어에게 적용되는 페널티는 1벌타와 일반 페널티(2벌타)가 적용되는 상황이 있고 매우 부당한 행동을 하거나 지나치게 큰 잠재적인 이익을 얻은 경우에는 실격이 될 수도 있다.

- 1벌타: 이 페널티는 매치 플레이와 스트로크 플레이에서 위반으로 얻은 잠재적인 이익이 사소한 것인 경우 또는 플레이어가 원래의 볼이 놓인 곳이 아닌 다른 장소에서 플레이하여 페널티 구제를 받는 경우, 특정한 규칙에 따라 적용된다.
- 일반 페널티(매치 플레이에서는 홀 패, 스트로크 플레이에서는 2벌타): 이 페널티는 1벌타만 적용하기에는 플레이어가 얻는 잠재적인 이익이 상당히 큰 것으로 대부분의 규칙 위반에 대하여 적용한다.
- 실격: 매치 플레이와 스트로크 플레이에서 플레이어는 매우 부당한 행동과 관련된 행동이나 규칙 위반으로 인하여 또는 플레이어의 스코어를 유효하다고 볼 수 없을 정도로 지나치게 큰 잠재적인 이익을 얻은 경우에 경기에서 실격될 수 있다.

02

플레이어의 장비

플레이어는 라운드 동안 규칙에 적합한 클럽과 볼을 사용하여야 하고 사용할 수 있는 클럽은 14개로 제한된다.

클럽의 개수의 위반에 대한 페널티는 스트로크 플레이에서 2벌타이며 최대 4벌타(위반이 일어난 각 홀에 대하여 일반 페널티를 받으며, 라운드당 최대 4벌타(위반이 일어난 첫 두 개의 홀에 각 2벌타씩 추가)를 받는다.

라운드 도중 손상된 클럽은 그 클럽을 수리하거나 다른 클럽으로 교체할 수가 있다. 다만 플레이어가 고의로 클럽을 남용하여 손상시킨 경우는 예외이다.

손상된 클럽을 다른 클럽으로 교체한 경우에는 그 손상된 클럽은 플레이에서 배제시켜야 한다. 또한 라운드 동안 클럽의 플레이 성능을 고의로 변화시키면 안 된다.

이를 위반하여 스트로크를 한 것에 대한 페널티는 실격이다.

플레이어가 사용할 수 있는 클럽은 라운드를 시작할 때 가지고 있던 클럽으로 플레이를 해야 하며 동반자의 클럽이나 누군가의 사용 중인 클럽으로 플레이를 하면 안 된다.

라운드에서 플레이한 볼이 갈라지거나 금이 간 경우에는 플레이어는 그 볼의 지점을 마크하고 볼을 집어 올려 확인할 수가 있다. 마크를 안 하고 볼을 집어 올리면 1벌타를 받는다. 이 경우 손상이 안 되었을 때는 원래의 볼을, 손상이 되었을 때는 다른 볼을 원래의 지점에 리플레이스 하여야 한다.

03

라운드 플레이

플레이어는 정해진 시각에 각 라운드를 시작하여야 하고 신속한 속도로 플레이해야 하며 플레이할 순서가 된 플레이어는 40초 안에, 대체로는 그보다 빠른 시간 안에 스트로크를 할 것을 권장한다.

플레이어는 위원회가 정한 출발 시각에 정확히 라운드를 시작하여야 한다.

플레이어는 홀을 플레이하는 동안이나 홀과 홀 사이에서 플레이를 부당하게 지연시켜서는 안 된다.

각 플레이어는 자신의 플레이 속도가 다른 플레이어들이 라운드를 플레이하는 데 걸리는 시간에 영향을 미칠 수 있다는 점을 인식하여야 한다.

매치 플레이에서 플레이어들은 시간을 절약하기 위하여 순서와 관계 없이 누구든 먼저 플레이하기로 합의할 수 있다.

스트로크 플레이에서 플레이어들은 안전을 확보한 상태에서 스트로크가 준비된 플레이어가 먼저 스트로크를 할 수 가 있다.

일반적으로 플레이어들은 각 스트로크를 준비하고 스트로크를 실행

하는 시간이 40초보다 빨라야 하며 스트로크를 한 장소에서 다음 스트로크를 할 장소로 이동할 때는 신속하게 이동하며 한 홀을 끝낸 후 다음 티잉 구역으로 이동할 때도 신속하게 이동하여서 원만하게 경기를 진행해야 한다.

라운드 플레이에 허용되는 볼을 사용하여야 하며 고의로 변화된 볼을 플레이하면 안 된다. 이를 위반하여 스트로크를 한 것에 대한 페널티는 실격이다.

플레이어는 홀을 플레이하는 동안이나 홀과 홀 사이에서 플레이를 부당하게 지연시켜서는 안 된다. 플레이의 부당한 지연에 따른 페널티는 아래와 같다.

- 첫 번째 위반: 1벌타
- 두 번째 위반: 2벌타
- 세 번째 위반: 실격

04

홀 플레이

    티잉 구역에서 플레이를 할 때 플레이어는 티잉 구역 안에서 플레이를 하여야 하며 티잉 구역 밖에서 플레이를 할 때는 일반 페널티를 받는다.

    본문에 그림 설명이 있으니 참고하기 바란다.

    티잉 구역에서는 볼을 티에 올려놓고 플레이할 수도 있고 티 없이 플레이할 수도 있다.

    플레이어가 스트로크하기 전까지는 인플레이가 아니므로 티를 꽂아 둔 자리가 마음에 안 든다면 티를 다시 뽑아 다른 곳으로 옮겨 놓고 플레이할 수가 있다.

    플레이어는 티잉 구역에서 플레이한 볼로 홀 아웃 하여야 한다.

    다만 분실하거나 아웃 오브 바운즈가 되거나 플레이어가 그 볼을 다른 볼로 교체한 경우를 제외하고 한 개의 볼로 그 홀을 마쳐야 한다. 또한 플레이어는 자신의 볼에 식별 표시를 해 두어야 한다.

    플레이어가 티잉 구역에서 프로비저널 볼이나 다른 볼을 플레이 할 경우에는 그 팀들이 모두 첫 번째 스트로크를 마치고 난 다음에 플레이를 하게 된다.

첫 홀 티잉 구역에서는 아너를 뽑아 차례대로 플레이를 하게 되고 그 다음 홀부터는 직전 홀에서 가장 낮은 스코어를 낸 순서로 플레이를 하게 된다. 둘 이상의 플레이어들이 홀 스코어가 같은 경우 직전 홀의 순서와 동일하게 플레이하면 된다.

본문 앞에서 설명하였지만 골프 코스를 다시 한번 다루도록 하겠다.

골프 코스는 5구역으로 나뉜다.

- 티잉 구역: 각 홀마다 처음 티샷을 하는 곳
- 페널티 구역: 노란 페널티 구역과 빨간 페널티 구역이 있다.
- 벙커: 모래로 이루어진 곳
- 그린: 홀컵이 있는 곳으로 퍼터를 이용하여 볼을 홀 컵에 넣음.
- 일반 구역: 위의 4개 구역을 제외한 모든 코스 내 구역을 말함(페어웨이, 러프 지역, 나무, 풀 등).

05

볼 찾기

플레이어가 스트로크 한 볼이 깊은 러프나 숲속 등으로 날아간 경우에 그 지역으로 이동하여 볼을 찾을 수가 있다. 스트로크 후 자신의 볼을 발견할 책임은 플레이어에게 있다.

플레이어는 자신의 볼을 찾기 위해 다음과 같은 합리적인 행동을 할 수 있다.

- 모래를 건드리거나 물을 휘저을 수 있다.
- 풀, 덤불, 나뭇가지와 그 밖의 자라거나 붙어 있는 자연물을 움직이거나 구부리거나 부러뜨릴 수 있다. 그러나 물체를 부러뜨리는 행동은 그 볼을 발견하거나 확인하기 위한 합리적인 행동을 하는 과정에서 부득이하게 일어난 경우에 한하여 허용된다.
- 볼을 확인할 때는 그 볼의 지점에 마크를 하고 확인할 수 있으나 필요한 정도 이상으로 그 볼을 닦아서는 안 된다.
- 확인한 볼은 반드시 그 볼을 원래의 지점에 리플레이스 하여야 한다.

- 플레이어나 상대방 또는 다른 사람들이 플레이어의 볼을 발견하거나 확인하는 과정에서 그 볼을 우연히 움직인 경우 페널티는 없다. 그러나 플레이어가 볼 찾기를 시작하기 전에 그 볼을 움직이게 한 경우 플레이어는 1벌타를 받는다.
- 분실한 볼을 찾기 위해 볼이 떨어졌다고 생각된 지점에 와서 볼을 찾기 시작하여 3분 안에 볼을 못 찾으면 그 볼은 분실구로 처리된다. 즉 볼을 찾는 제한 시간이 3분인 것이다.

06

볼이 놓인 그대로 플레이

볼은 놓인 그대로 플레이를 하여야 하며 이것은 골프 게임의 핵심 원칙에 관한 규칙이다. 플레이어가 자신의 정지한 볼을 집어 올리거나 고의로 건드리거나 움직이게 한 것에 대한 페널티는 1벌타를 받는다. 그러나 자연의 힘(예- 바람 또는 물)이 플레이어의 정지한 볼을 움직이게 한 경우, 패널티는 없으며 그 볼은 반드시 그 새로운 지점에서 플레이하여야 한다.

퍼팅그린에서 마크를 하고 볼을 집어 올렸다가 리플레이스 한 후 그 볼이 움직인 경우에는 원래의 지점에 리플레이스 해야 한다. 또한 드롭하거나 플레이스 하거나 리플레이스한 후 정지한 볼이 다른 코스 구역이나 아웃 오브 바운즈로 움직인 경우에는 그 볼은 반드시 리플레이스 해야 한다.

1. 플레이어가 볼을 집어 올리거나 움직이는 것이 허용되는 경우

- 그 볼을 집어 올린 후 원래의 지점에 리플레이스 하는 것을 허용하는 규칙
- 움직인 볼을 원래의 지점에 리플레이스 할 것을 요구하는 규칙
- 플레이어가 볼을 다시 드롭하거나 플레이스 하거나 다른 장소에서 플레이할 것을 요구하거나 허용하는 규칙
- 볼을 발견하거나 확인하는 과정에서 우연히 움직이게 한 경우
- 퍼팅 그린에서 우연히 움직이게 한 경우
- 퍼팅 그린 이외의 곳에서 규칙을 적용하는 동안 우연히 움직이게 한 경우(퍼팅그린 이외의 곳에서 다음과 같은 합리적인 행동을 하는 동안 그 볼을 우연히 움직이게 한 경우, 패널티가 없다)
  1) 규칙에 따라 허용될 때
  2) 움직일 수 있는 장애물을 제거하기 위한 합리적인 행동
  3) 악화된 상태를 규칙에 따라 복구하기 위한 합리적인 행동
  4) 규칙에 따라 구제를 받기 위한 합리적인 행동
  5) 규칙에 따라 측정하기 위한 합리적인 행동

07

스트로크의 준비와 실행

플레이어는 반드시 클럽 헤드의 어느 부분으로든 올바르게 볼을 쳐야한다. 볼을 밀어내거나 끌어당기거나 퍼 올려서는 안 된다.

플레이어는 클럽이 우연히 두 번 이상 볼을 맞힌 경우 그것은 한 번의 스트로크이며 페널티는 없다.

플레이어는 클럽 또는 클럽을 쥔 손을 자신의 몸 어딘가에 대고 직접적으로 고정시키면 안 된다. 특히 롱 퍼터를 가슴에 밀착시켜서 스트로크를 하면 안 된다.

플레이어는 퍼팅그린에서 상대방의 플레이 선을 밟고 스탠스를 취한 채 스트로크를 해서는 안 된다.

플레이어는 움직이는 볼을 플레이한 경우 2벌타를 받는다.

다만 플레이어가 스트로크를 위한 백스윙을 시작한 후 볼이 움직인 경우, 볼이 티에서 떨어지는 경우, 볼이 일시적으로 고인물이나 페널티 구역에 있는 물속에서 움직이는 경우에는 스트로크를 해도 페널티가 없다. 그러나 스트로크 한 것은 타수에 포함이 된다.

정식 경기에서는 자신의 캐디 이외의 누구에게도 어드바이스를 요청해서는 안 되며 다른 플레이어가 몇 번 클럽을 사용하였는지 알기 위해 다른 플레이어의 장비를 만져서도 안 되고 물어봐서도 안 된다. 그러나 아마추어들이 친선 라운딩을 할 때는 동반자들끼리 바람의 영향이 어느 정도이고 경사도가 얼마 정도가 되는 것 같고 또한 이 홀은 슬라이스 홀이니 페어웨이 중간에서 좌측을 보고 치면 안전할 것 같다고 서로 조언을 하면서 플레이를 하게 되면 골프 실력이 많이 좋아질 것이다.

08

움직이고 있는 볼이 우연히
사람이나 동물 또는 물체를 맞힌 경우

플레이어의 움직이고 있는 볼이 우연히 사람(플레이어 자신 포함)이나 외부의 영향을 맞힌 경우, 어떤 플레이어에게도 페널티는 없다. 그 볼이 플레이어, 상대방, 다른 플레이어들의 캐디나 장비를 맞춘 경우에도 페널티는 없다. 그러나 스트로크 플레이 경기의 퍼팅그린에서 플레이한 볼이 정지한 다른 볼을 맞혔는데 그 스트로크 전에 그 두 개의 볼이 모두 퍼팅그린에 있었던 경우 플레이어는 2벌타를 받는다.

퍼팅그린 이외의 곳에서 플레이한 볼이 우연히 사람, 동물, 외부의 영향을 맞힌 경우에는 볼이 놓인 그대로 플레이하면 되나 플레이한 볼이 그 외부의 영향에 올려진 경우에는 원래의 볼이나 다른 볼로 구제 구역에 드롭을 하고 플레이를 해야 한다.

그 기준점은 외부의 영향에 올려진 바로 아래로 추정되는 지점이고 구제 구역의 크기는 기준점으로부터 한 클럽 길이 이내의 구역이다. 구제 구역은 반드시 기준점과 동일한 코스의 구역에 있어야 하고 기준점보다 홀에 더 가깝지 않아야 한다.

이외에도 움직이고 있는 볼에 대한 상황에서 고의적으로 자신에게 유리한 행동을 한 것에 대해 페널티가 주어진다. 하지만 그러한 내용은 독자들의 성품을 믿고 다루지 않겠다.

09

벙커

모래에서 볼을 플레이하는 플레이어의 능력을 테스트하기 위하여 특별하게 조성된 구역이다.

벙커에 있는 볼을 플레이하기 전에 플레이어는 루스 임페디먼트를 제거할 수도 있고 움직일 수 있는 장애물을 제거할 수도 있다. 루스 임페디먼트란 코스 안에 방치된 자연 장애물로써 플레이를 할 때 제거해도 되는 다음 아래의 내용을 말한다.

1. 루스 임페디먼트 정의

- 고정되어 있지 않거나 생장하지 않음.
- 땅에 단단히 박혀 있지 않음.
- 공에 붙어 있지 않은 것으로서 돌, 나뭇잎, 나무의 잔가지, 나뭇가지, 동물의 배설물, 벌레와 곤충 그리고 그것들이 만들어 쌓인 흙과 퇴적물

2. 벙커에 있는 볼에 스트로크 하기 전에 플레이어는 다음과 같은 행동을 해서는 안 됨

- 다음번의 스트로크를 위한 정보를 얻으려고 모래의 상태를 테스트 하기 위하여 고의로 손, 클럽, 고무래 그 밖의 물체로 모래를 건드리는 행동
- 클럽으로 벙커의 모래를 건드리는 다음과 같은 행동
  1) 볼 바로 앞뒤에 있는 모래를 건드리는 행동
  2) 연습 스윙을 하면서 모래를 건드리는 행동
  3) 스트로크를 위한 백스윙을 하면서 모래를 건드리는 행동

위와 같은 행동을 위반하여 스트로크를 할 경우 플레이어는 일반 페널티를 받는다.

10

퍼팅 그린

퍼팅 그린은 지면을 따라 볼을 플레이하도록 특별하게 조성된 구역이 며 다른 코스의 구역에 적용되는 규칙과는 다른 특정한 규칙이 적용된다.

퍼팅 그린에 있는 볼은 마크를 하고 집어 올리거나 닦을 수 있으며 퍼 팅을 할 때에는 반드시 원래의 지점에 리플레이스 하여야 한다.

퍼팅 그린에 있는 모래와 흩어진 흙은 페널티 없이 제거할 수 있으며 손상된 퍼팅 그린을 원래의 상태와 가능한 가까운 상태로 합리적인 행 동으로 손상된 그린을 수리할 수 있다. 그러나 합리적인 행동이 아니라 지나친 행동(예- 홀에 이르는 경로를 만들거나 허용되지 않는 물체를 사 용하는 행동)으로 퍼팅그린을 개선할 경우에는 일반 페널티를 받는다.

플레이어는 퍼팅을 하기 전에 퍼팅 그린을 테스트하기 위하여 그린의 표면을 문지른다거나 그린에서 볼을 굴려 보는 행동을 하면 일반 페널 티를 받는다.

잘못된 그린으로 인해 플레이어의 스탠스 구역이나 의도된 스윙 구역 에 물리적으로 방해가 되는 경우에는 반드시 구제가 이루어져야 한다.

1. 구제 방법

- 기준점: 원래의 볼이 정지한 코스의 구역과 동일한 구역에 있는 가장 가까운 완전한 구제 지점
- 구제 구역의 크기: 기준점으로부터 한 클럽 길이 이내의 구역
- 구제 구역의 위치 제한
  1) 구제 구역은 반드시 기준점과 동일한 코스의 구역에 있어야 한다.
  2) 기준점보다 홀에 더 가깝지 않아야 한다.
  3) 반드시 그 잘못된 그린으로 인한 모든 방해로부터 완전한 구제를 받는 구역이어야 한다.

11

볼에 관한 규칙

볼을 집어 올리거나 움직인 볼을 리플레이스 할 경우 반드시 그 집어 올리거나 움직인 볼을 원래의 지점에 놓아야 한다.

페널티 없는 구제나 페널티 구제를 받는 경우는 반드시 교체한 볼이나 원래의 볼을 특정한 구제 구역에 드롭하여야 한다.

원래의 지점에 리플레이스 할 것을 요구하는 규칙에 따라 볼을 집어 올리는 경우 플레이어는 그 지점을 마크하지 않고 볼을 집어 올리거나 잘못된 방법으로 마크하거나 또는 볼마커를 그대로 둔 채 스트로크를 한 경우 플레이어는 1벌타를 받는다.

플레이어는 구제 구역에서 볼을 드롭할 때는 다음과 같은 방법으로 드롭하여야 한다.

1. 구제 구역에서 볼을 드롭하는 방법

- 반드시 플레이어가 드롭하여야 한다.

- 볼은 반드시 무릎 높이에서 똑바로 드롭하여야 하고 떨어지면서 플레이어나 장비에 닿지 않아야 한다.
- 반드시 구제 구역(또는 선상)에 볼을 드롭하여야 한다.

플레이어가 올바른 방법으로 볼을 드롭하지 않고 잘못된 방법으로 드롭한 후 스트로크할 경우 그곳이 구제 구역이었던 경우 플레이어는 1벌타를 받고 구제 구역 밖이었던 경우 플레이어는 일반 페널티를 받는다.

올바른 방법으로 드롭한 볼이 구제 구역 밖에 정지한 경우에는 다시 올바른 방법으로 두 번째 드롭을 하여야 하며 두 번째 드롭한 볼도 구제 구역 밖에 정지한 경우에는 두 번째 드롭 된 볼이 최초로 지면에 닿은 지점에 볼을 플레이스 하여야 한다.

플레이스 된 볼이 그 지점에 멈춰 있지 않는 경우 플레이어는 반드시 그 지점에 두 번째로 볼을 플레이스 하여야 한다.

두 번째로 플레이스 한 볼이 그 지점에 멈춰 있지 않는 경우 플레이어는 그 볼이 가장 가까운 지점에 그 볼을 리플레이스 하여야 한다. 그러나 가장 가까운 지점은 원래의 지점이 위치한 곳에 따라 다음과 같은 제한을 받는다.

2. 두 번째로 플레이스 한 볼의 리플레이스 조건

- 그 지점은 홀에 더 가깝지 않아야 한다.
- 원래의 지점이 일반 구역에 있었던 경우: 가장 가까운 지점 또한 반드시 그 일반 구역에 있어야 한다.

- 원래의 지점이 벙커 또는 페널티 구역에 있었던 경우: 가장 가까운 지점 또한 반드시 그 벙커 또는 페널티 구역과 동일한 벙커 또는 페널티 구역에 있어야 한다.
- 원래의 지점이 퍼팅그린에 있었던 경우: 가장 가까운 지점은 반드시 그 퍼팅 그린 또는 일반 구역에 있어야 한다.

12

비정상적인 코스 상태
(움직일 수 없는 장애물 포함)

본 규칙은 동물이 만든 구멍, 수리지, 움직일 수 없는 장애물, 일시적으로 고인 물로 인한 방해로부터 허용되는 페널티 없는 구제에 관한 규칙이다.

1. 정상적인 코스 상태로 인한 방해의 의미

- 플레이어의 볼이 비정상적인 코스 상태에 닿아 있거나 그 비정상적인 코스 상태의 안이나 위에 있는 경우
- 비정상적인 코스 상태가 플레이어의 의도된 스탠스 구역이나 의도된 스윙 구역에 물리적으로 방해가 되는 경우
- 플레이어의 볼이 퍼팅 그린에 있는 경우에 한하여 퍼팅 그린 안팎의 비정상적인 코스 상태가 플레이 선상에 개재하는 경우
- 볼이 아웃 오브 바운즈가 아니고 볼이 페널티 구역에도 안 들어간 경우

2. 일반 구역에 있는 볼에 대한 구제

- 플레이어의 볼이 일반 구역에 있고 코스상에 있는 비정상적인 코스 상태로 인한 방해가 있는 경우
- 기준점
  1) 일반 구역에 있는 가장 가까운 완전한 구제 지점
- 구제 구역의 크기
  1) 기준점으로부터 한 클럽 길이 이내의 구역
- 구제 구역의 위치 제한
  1) 구제 구역은 반드시 일반 구역에 있어야 한다.
  2) 기준점보다 홀에 더 가깝지 않아야 한다.
  3) 비정상적인 코스 상태로 인한 모든 방해로부터 완전한 구제를 받는 구역이어야 한다.

3. 벙커에 있는 볼에 대한 구제

- 벙커에 있는 볼이 비정상적인 코스 상태로 인한 방해가 있는 경우로서 플레이어는 앞의 구제 구역의 위치 제한에 따라 페널티 없이 구제를 받으나 아래 내용의 제한을 받는다.
  1) 가장 가까운 구제 지점과 구제 구역은 반드시 그 벙커 안에 있어야 한다.
  2) 그 벙커 안에 가장 가까운 완전한 구제 지점이 없는 경우, 그 벙커 안에 있는 최대한의 구제 지점을 기준점으로 사용하여 페널티 없

는 구제를 받을 수 있다.

- 앞과 동일한 조건이지만 페널티 없이 벙커 안에서 구제받을 수도 있고 1벌타를 받고 벙커 밖에서 구제받을 수도 있다. 1벌타를 받고 구제받는 것을 후방선 구제라고 하여 원래의 볼이 있는 지점과 홀과의 가상의 선을 그어 홀과 가깝지 않는 후방으로 이동하여 그 선상에 볼을 드롭 하는 것인데 후방으로 얼마나 멀리 드롭 할 것인가에 대한 거리 제한은 없다. 멀리 갈수록 플레이어가 불리하기 때문에 그 제한은 없는 것이며 구제구역은 그 후방선상에 볼이 드롭 될 때 최초로 지면에 닿은 지점으로부터 어느 방향으로든 한 클럽 길이 이내의 구역으로 결정된다. 다만 다음과 같은 제한을 받는다.

  1) 구제 구역은 원래의 볼이 있는 지점보다 홀에 더 가까워서는 안된다.

  2) 그 벙커 이외의 어떤 코스의 구역에나 있을 수 있다.

  3) 그 볼이 드롭 될 때 최초로 지면에 닿은 구역과 동일한 코스의 구역에 있어야 한다(볼을 드롭 하였는데 다른 구역으로 굴러가면 다시 드롭을 하여야 한다).

4. 퍼팅 그린에 있는 볼에 대한 구제

- 퍼팅 그린에 있는 볼이 비정상적인 코스 상태일 때

  1) 플레이어는 가장 가까운 완벽한 구제 지점에 볼을 플레이스 하여 페널티 없는 구제를 받을 수 있다.

  2) 가장 가까운 완벽한 구제 지점은 반드시 그 퍼팅 그린이나 일반

구역에 있어야 한다.

3) 그 퍼팅 그린이나 일반 구역에 가장 가까운 완전한 구제 지점이 없는 경우, 플레이어는 최대한의 구제 지점을 기준점으로 사용하여 페널티 없는 구제를 받을 수 있다. 이 경우, 최대한의 구제 지점은 반드시 그 퍼팅 그린이나 일반 구역에 있어야 한다.

5. 박힌 볼에 대한 구제

볼이 땅속에 박힌 경우 구제가 허용되는데 일반 구역에 박힌 경우를 말한다. 그러나 볼이 퍼팅 그린에 박힌 경우, 플레이어는 그 볼의 지점을 마크하고 그 볼을 집어 올려 닦고 그 볼의 충격으로 인한 손상을 수리한 후 그 볼을 원래의 지점에 리플레이스 할 수 있다.

- 박힌 볼인지 여부를 판단하기
  1) 플레이어의 볼이 직전의 스트로크로 인하여 생긴 그 볼 자체의 피치마크 안에 들어간 상태로
  2) 그 볼의 일부가 지표면 아래에 있는 경우
- 박힌 볼의 구제
  1) 기준점
    ① 볼이 박힌 곳 바로 뒤의 일반 구역에 있는 지점
  2) 구제 구역의 크기
    ① 기준점으로부터 한 클럽 길이 이내의 구역
  3) 구제 구역의 위치 제한

① 구제 구역은 반드시 일반 구역에 있어야 한다.

② 기준점보다 홀에 더 가깝지 않아야 한다.

13

페널티 구역

    페널티 구역으로 규정된 구역은 종종 볼을 분실하거나 플레이할 수 없게 되는 상황이 일어난다. 이와 같은 경우 플레이어는 1벌타를 받고 페널티 구역 밖에서 볼을 플레이하기 위하여 구제를 받을 수 있다. 그러나 페널티 구역으로 들어간 볼을 플레이어가 찾았고 그 볼이 놓인 상태가 플레이어가 스트로크가 가능하다면 페널티를 안 받고 플레이할 수가 있다.

    페널티 구역은 노란 페널티 구역과 빨간 페널티 구역으로 구분되며 구제 방법은 본문에 기술하였다.

    지금까지 필드에서 자주 발생할 수 있는 여러 가지 상황에 대한 규칙을 설명하였다. 글로선 설명하기에는 다소 부족한 면이 없지 않지만 최대한 이해를 돕기 위해 노력하였다. 나머지 규칙에 대해서는 차후 필드에서 라운딩을 하면서 경험해 보는 것도 나쁘지 않을 것 같다.

Epilogue

이 책을 쓰면서 '진정한 골프에 대한 매력을 어떻게 해야 독자들에게 잘 전달할 수 있을까.' 많은 고민을 하였다. 필자의 주관적인 관점으로 서술된 내용 중에는 긍정과 부정이 모두 있겠지만 골프의 이해의 폭을 넓히는 관점에서 보아 주길 바란다.

필자는 이 책을 통해 골프를 시작하시려는 분들이 골프에 대한 모든 궁금증을 해소하고 골프를 쉽게 접할 수 있도록 노력하였고 이 책을 다 읽었을 즈음에는 기본적인 골프 용어들도 자연적으로 체득할 수 있도록 하였다. 중상급자의 골퍼들은 자신들이 미처 몰랐던 부분들을 체크하고 초심으로 돌아가서 다시 한번 기본기와 골프 장비를 점검하고 더욱 세밀하고 정확한 코스 공략을 통해 한층 더 골프의 매력에 빠지시길 기대한다.

인간이 인생을 살아가면서 취미 하나쯤은 반드시 있어야 된다면 필자는 골프를 자신 있게 추천을 하는 바이다. 운동도 하고 신선한 공기도 마시고 도전 정신이 항상 불타오르고 일상생활의 스트레스를 해소해 주니 얼마나 좋은 취미 활동인가 다만 취미 활동치고는 비용이 많이 든다는 단점이 있지만 이 책에서도 말했듯이 얼마든지 큰 비용을 안 들이고도 골프를 즐길 수가 있다.

일평생 즐겁고 행복한 골프를 즐기는 방법은 아무런 부상을 입지 않고 항상 건강한 마음과 건강한 몸을 유지하는 것인데 오히려 골프 때문에 고질적이고도 경미하지 않은 부상을 당하는 골퍼들이 있어서 항상 안타까운 마음이다. 책에서도 언급 하였지만 연습전이나 필드에 나가기 전 충분한 스트레칭을 해야 함에도 불구하고 그저 국민체조식의 형식적인 몸 풀기만을 하고 있다. 특히 부상을 입는 사례를 보면 골프 스윙 시 소위 뒷땅을 치기 때문인데, 그러면 양쪽 팔꿈치의 힘줄에 손상을 입게 되어 재생 치료를 해야 한다. 재생 치료도 가급적 빨리 치료해야 회복도 빠르다. 어떤 분들은 갈비뼈에 금이 가기도 하기 때문에 딱딱한 곳에서는 연습을 하지 말아야 하고 특히 겨울철에는 더욱 조심해야 한다. 이러한 모든 부상의 유형은 온몸에 힘을 주고 있는 힘껏 스윙을 하기 때문에 발생을 하는데 골프 스윙은 몸에 힘을 빼고 70~80% 정도로 스윙을 해야 스윙 시 몸이 부드럽게 회전이 되며 편안하게 스윙이 완성되어 부상도 줄이고 방향성도 좋아지기 때문에 멀리 보내려는 욕심을 버리고 스윙을 해야 한다. 이렇게 골프 스윙을 힘을 빼고 하다 보면 비거리는 자연적으로 늘어나게 된다.

골프에서 욕심은 자충수를 두는 지름길임을 반드시 명심해야 한다. 차근차근 실력을 늘려 진정한 골프의 매력을 느끼시길 기대한다.

언젠가는 골프에 관한 책을 쓰고 싶었다. 내년에는 써야지 하면서 미룬 것이 벌써 몇 해 전인지 모른다. 내 인생에 있어 골프란 나의 유일한 취미이며 나의 친구 같은 존재이다. 비가 오나 눈이 오나 연습을 게을리하지 않았고 스트레스를 받은 날이면 온몸에 땀이 젖도록 호쾌한 드라이버를 치면서 스트레스를 풀기도 하였다. 또한 필드에 나가서 필자가 계획한 코스 공략대로 플레이를 하여 버디를 하거나 이글을 하는 순간 짜릿하고도 통쾌한 기쁨을 만끽할 수가 있었다. 이러한 기쁨을 독자들에게도 느끼게 하고 싶었고 평생에 한 번은 골프 책을 쓰고 싶었다. 이 책이 골프의 전부는 아니지만 진정한 골프의 기쁨을 느껴 보려는 분들에게 이 책이 하나의 불씨가 되길 희망한다.

참고 문헌

『New 골프 바이블』, 2014, 스티브 뉴웰, 최대혁, 김기홍, 전재홍 공역, 대한미디어.
『벤 호건 골프의 기본』, 2022, 벤 호건, 허버트 워런 윈드, 김일민 번역, 한국경제신문.
『USGA 골프 규칙』, 2023, R&A, 대한골프협회.

골린이부터 싱글까지

ⓒ 우창수, 2023

초판 1쇄 발행 2023년 8월 16일

지은이	우창수
펴낸이	이기봉
편집	좋은땅 편집팀
펴낸곳	도서출판 좋은땅
주소	서울특별시 마포구 양화로12길 26 지월드빌딩 (서교동 395-7)
전화	02)374-8616~7
팩스	02)374-8614
이메일	gworldbook@naver.com
홈페이지	www.g-world.co.kr

ISBN 979-11-388-2167-4 (03690)